Memorial da Virgem

João Paulo dos Reis Velloso

Memorial da Virgem

Cristianismo para o nosso tempo:
uma interpretação da "Nova e Eterna Aliança"

CIVILIZAÇÃO BRASILEIRA

Rio de Janeiro
2010

Copyright © João Paulo dos Reis Velloso, 2010

CAPA
Luciana Mello & Monika Mayer

DIAGRAMAÇÃO DE MIOLO
Editoriarte

CIP-BRASIL. CATALOGAÇÃO-NA-FONTE
SINDICATO NACIONAL DOS EDITORES DE LIVROS, RJ

V552m
Velloso, João Paulo dos Reis
Memorial da Virgem : cristianismo para o nosso tempo : uma interpretação da "Nova e Eterna Aliança" / João Paulo dos Reis Velloso. — Rio de Janeiro : Civilização Brasileira, 2010.

ISBN 978-85-200-1010-5

1. Maria, Virgem, Santa. 2. Vida espiritual — Igreja católica. I. Título.

10-2617
CDD: 232.91
CDU: 232.931

EDITORA AFILIADA

Todos os direitos reservados. Proibida a reprodução, armazenamento ou transmissão de partes deste livro, através de quaisquer meios, sem prévia autorização por escrito.

Texto revisado segundo o Novo Acordo Ortográfico da Língua Portuguesa.

Direitos desta edição adquiridos pela
EDITORA CIVILIZAÇÃO BRASILEIRA
Um selo da
EDITORA JOSÉ OLYMPIO LTDA.
Rua Argentina 171 — 20921-380 — Rio de Janeiro, RJ —
Tel.: 2585-2000

Seja um leitor preferencial Record.
Cadastre-se e receba informações sobre nossos lançamentos e nossas promoções.

Atendimento e venda direta ao leitor:
mdireto@record.com.br ou (21) 2585-2002

Impresso no Brasil
2010

A Maria
A Jesus, seu filho

A TODOS OS CRISTÃOS DO MUNDO.
INCLUSIVE ÀQUELES QUE CREEM
SER AGNÓSTICOS.

Esta é uma história de amor

IMAGEM DA "ANTIGA ALIANÇA"

Ele (o Senhor) conduziu Abrão para fora (de casa) e disse: "Ergue os olhos para o céu e conta as estrelas, se as podes contar." E acrescentou: "Assim será tua posteridade." Abrão creu em Iahweh, e lhe foi tido em conta de justiça.

Ele lhe disse: "Eu sou Iahweh, que te fez sair de Ur, na Caldeia, para te dar esta terra como propriedade. Abrão respondeu: "Meu Senhor Iahweh, como saberei que hei de possuí-la?"

....

Quando o sol se pôs e estenderam-se as trevas, eis que uma fogueira fumegante e uma tocha de fogo passaram entre os animais divididos.

Naquele dia, Iahweh estabeleceu uma Aliança com Abrão, nestes termos:

"À tua posteridade darei esta terra,
Do Rio do Egito até o Grande Rio,
O Rio Eufrates..."

GÊNESIS, 15-16

IMAGEM DA "ANTIGA ALIANÇA"

"Moisés, então, com o sangue separado (dos novilhos sacrificados) aspergiu o povo, dizendo: "Este é o sangue da Aliança que o Senhor fez conosco, segundo todas estas palavras."

LIVRO DO ÊXODO, 24, 3-8

IMAGEM DA "NOVA ALIANÇA"

"Com efeito, o corpo é um, e, não obstante, tem muitos membros. Mas todos os membros do corpo, apesar de serem muitos, formam um só corpo. Assim também acontece com Cristo. Pois fomos todos batizados num só espírito, para ser um só corpo, judeus e gregos, escravos e livres, e todos bebemos de um só Espírito.

"O corpo não se compõe de um só membro, mas de muitos. Se o pé disser: "mão eu não sou, logo não pertenço ao corpo"; e se a orelha disser: "olho eu não sou, logo não pertenço ao corpo", nem por isso deixará de fazer parte do corpo. Se o corpo fosse olho, onde estaria a audição? Se fosse todo ouvido, onde estaria o olfato?

Mas Deus dispôs cada um dos membros do corpo segundo Sua vontade. Se o conjunto fosse um só membro, onde estaria o corpo? Há, portanto, muitos membros, mas um só corpo.

"Se um membro sofre, todos os membros compartilham o seu sofrimento; se um membro é honrado, todos os membros compartilham a sua alegria."

"Ora, vós sois o corpo de Cristo e sois os seus membros, cada um por sua parte."

PAULO, CORÍNTIOS I, 12-13

IMAGEM DA "NOVA ALIANÇA"

Por quem os sinos dobram?

"Nenhum homem é uma ilha, completo em si mesmo; cada homem é parte do <u>continente</u>, uma parte do <u>todo</u>. Se um <u>seixo</u> for levado pelo <u>mar</u>, a Europa é diminuída (fica menor) como se (este seixo) fosse um <u>promontório</u>, como se fosse a <u>propriedade</u> de seu <u>amigo</u> ou a <u>sua</u>. A <u>morte</u> de qualquer homem <u>me</u> diminui, porque estou envolvido com a <u>humanidade</u>. E, portanto, nunca sou levado a saber por quem o sino dobra; ele dobra por você."

JOHN DONNE, MEDITAÇÃO *XVII:*
(No man is an island, The Folio Society, 1997)

PROFECIAS DE ISAÍAS

O *livro do Emanuel*

"Ouvi vós, Casa de Davi,
parece-vos pouco o fatigardes os homens,
E quereis fatigar também a meu Deus?
"Pois sabei que o Senhor mesmo vos dará um sinal:
Eis que a Virgem está grávida
E dará à luz um filho
E dar-lhe-á o nome de Emanuel
Ele se alimentará de coalhada e de mel
Até que saiba rejeitar o Mal e escolher o Bem."

ISAÍAS I, 2-7

Anúncio da libertação: a voz que clama no deserto

Uma voz clama: "No deserto, abri
Um caminho para Iahweh:
Na estepe, aplainai
Uma vereda para o nosso Deus."
"Seja entulhado todo vale,
Todo monte e toda colina sejam nivelados;
Transformem-se os lugares escarpados em planície
E as elevações, em largos vales."
"Então, a glória de Iahweh há de revelar-se
E toda carne, de uma só vez, o verá,
pois a boca de Iahweh o afirmou."

ISAÍAS II, 40

EVANGELHO DE JOÃO:
JOÃO BATISTA E ISAÍAS

Disseram-lhe, então (os Sacerdotes e Levitas): "Quem és,
para darmos uma resposta aos que nos enviaram?
Que dizes de ti mesmo?" Disse ele:
"Eu sou a voz que clama no deserto:
Endireitai o caminho do Senhor,
Como disse o Profeta Isaías."

João I, 22-23

"QUEM DIZEM OS HOMENS

QUE EU SOU?"

Marcos – 9

"E VÓS, QUEM DIZEIS QUE EU SOU?"

Evangelho de Marcos*: "*O rebelde, revolucionário que falha e cuja missão misteriosamente é cumprida.*"
Evangelho de Mateus: "*A longamente esperada realização das expectativas do povo judeu,*"
Evangelho de Lucas: "*O heroico, compassivo revolucionário social que, com confiança e misericórdia, morre por toda a humanidade.*"
Evangelho de João: "*A interpretação da divindade de Jesus, por um místico, narrada em poderosa linguagem poética.*"

EVANGELHO DE MARIA: Jesus como
Amor — louco de amor pelos homens

---

* Na visão de *The Four Witnesses* ("As Quatro Testemunhas"), de Robin Griffith-Jones, Harper San Francisco, 2000.

"PALESTINA, CERCA DE 30 D.C.: UM OBSCURO PREGADOR JUDEU, O ÚLTIMO NUMA LINHA DE FIGURAS RELIGIOSAS CARISMÁTICAS, É EXECUTADO PELAS AUTORIDADES ROMANAS. SEUS SEGUIDORES SE ESPALHAM. O MUNDO NÃO LHE DÁ ATENÇÃO.

"INÍCIO DO SÉCULO XXI: APROXIMADAMENTE UM TERÇO DA POPULAÇÃO MUNDIAL — CERCA DE DOIS BILHÕES DE PESSOAS — SÃO CONSIDERADAS SEGUIDORAS DAQUELE PREGADOR."

JONATHAN HILL*

---

* Jonathan Hill, *História do Cristianismo*, Edições Rosari, 2008.

"CERTAMENTE, DURANTE OS PRIMEIROS SÉCULOS DA IGREJA, CRÍTICOS PAGÃOS DO EVANGELHO NUNCA DEIXARAM DE ASSINALAR COMO FOI PECULIAR QUE DEUS TIVESSE ESCOLHIDO UMA FORMA TÃO OBSCURA E HUMILDE PARA SUA REVELAÇÃO FINAL À HUMANIDADE — UM PREGADOR ITINERANTE NASCIDO EM UM POVO SUBJUGADO, NEM NOBRE DE NASCIMENTO OU GRANDE ENTRE OS ALTOS CÍRCULOS DOS PODEROSOS, O QUAL VIVEU SUA BREVE VIDA DISTANTE DO CENTRO DO IMPÉRIO (ROMANO), E QUE NÃO CONTAVA COM NENHUM FILÓSOFO ENTRE SEUS AMIGOS E ASSOCIADOS."

DAVID BENTLEY HART*

---

* David Bentley Hart, *The Story of Christianity*, Quercus Publishers, 2007.

VISÃO DE FLAVIUS JOSEPHUS* SOBRE JESUS

"Agora, houve nesse tempo (a transferência do exército de Pilatos, de Cesareia para Jerusalém), Jesus, um homem sábio, se é adequado chamá-lo de homem, pois realizou coisas maravilhosas — um mestre dos homens que recebem a verdade com prazer.

"Ele atraiu para si muitos dos judeus, e também dos gentios.

"Ele foi o Cristo (Salvador). E quando Pilatos, por sugestão dos principais homens entre nós, o havia condenado à Cruz, aqueles que o amavam acima de tudo não o esqueceram — Jesus apareceu a eles, vivo novamente, no terceiro dia, pois os divinos Profetas haviam predito isso e milhares de outras coisas maravilhosas a respeito dele.

---

* Flavius Josephus, famoso historiador judeu, nascido em 37 d.C., em Jerusalém (cerca de três décadas após o nascimento de Cristo).

"E a seita dos cristãos, assim denominados em função dele, ainda não se encontra extinta até hoje."

FLAVIUS JOSEPHUS, *JEWISH ANTIQUITIES*, 93/94 D.C.

Sumário

APRESENTAÇÃO — JOÃO PAULO DOS REIS VELLOSO *27*

INTRODUÇÃO
A Virgem indaga *29*

Memorial: perguntas que se faz a Virgem, em nossos dias *31*

PRÓLOGO:
Condições geográficas, políticas, religiosas e sociais da
Palestina no início da Era Cristã *35*
CONDIÇÕES GEOGRÁFICAS *37*
CONDIÇÕES RELIGIOSAS: *PRINCIPAIS GRUPOS E CLASSES (CASTAS)* *39*
CONDIÇÕES POLÍTICAS *41*
A COMUNIDADE DE QUMRÃN ("PERGAMINHOS DO MAR MORTO") *43*
CONDIÇÕES SOCIAIS *46*

PARTE I
O mistério do amor: o alvorecer da Nova Aliança *49*

Prólogo do Evangelho segundo João *51*

JOÃO PAULO DOS REIS VELLOSO

Natividade e amor 55

A NATIVIDADE: PASTORES, ANJOS E MAGOS 57

Retrospecto e reflexão: Maria e o mistério do amor 65

OLHAR RETROSPECTIVO: A ANUNCIAÇÃO E O AMOR 67

A VISITAÇÃO E O MAGNIFICAT (CANTO DE AMOR) 70

Jesus — até os trinta anos 75

SIMEÃO E ANA 77

JESUS E OS DOUTORES DA LEI 80

PARTE II

O anúncio da Nova Aliança (a "Boa-Nova") 83

Yokanaan, o Tentador e o início da Missão: bodas 85

YOKANAAN — UMA TRAGÉDIA À SOMBRA DA CRUZ 87

O TENTADOR E O INOCENTE 100

AS BODAS DE CANÁ 106

Missão na Galileia: Sermão da Montanha, Madalena (Frineia)
    e parábolas 109

O SERMÃO DA MONTANHA 111

DESCIDA DA MONTANHA, A TEMPESTADE E A FÉ 118

MARIA MADALENA E JESUS CRISTO 122

O REINO DE DEUS ATRAVÉS DE PARÁBOLAS 134

Ponto de inflexão: dos territórios gentios aos anúncios da
    paixão 147

PONTO DE INFLEXÃO: VIAGEM AOS TERRITÓRIOS GENTIOS: TIRO, SIDON,
    CESAREIA DE FILIPE, DECAPOLE 149

MEMORIAL DA VIRGEM

O FILHO E O PAI *152*

PARTE III
O Inocente e a Glória na Cruz *157*

Missão em Jerusalém *159*
O DEUS QUE DANÇA *161*
JESUS MONTADO EM UM JUMENTINHO — ENTRADA TRIUNFAL EM
JERUSALÉM *163*
AINDA A MISSÃO EM JERUSALÉM *165*

A "Nova e Eterna Aliança" *169*
A "Nova e Eterna Aliança" *171*

Paixão e Glória na Cruz *179*
O INOCENTE E A PAIXÃO *181*
O INOCENTE E A GLÓRIA NA CRUZ *190*
PIETÀ — A ÚLTIMA TENTAÇÃO DA VIRGEM *195*

PARTE IV
Ressurreição e amor *197*
O SILÊNCIO DOS INOCENTES *199*
"MORTE, ONDE ESTÁ TUA VITÓRIA?" *204*
JESUS RESSUSCITADO E A VINDA DO ESPÍRITO *206*
ASCENSÃO: "IDE POR TODO O MUNDO" *211*

EPÍLOGO:
Éfeso e Gálias — a Virgem e Madalena, dois destinos *213*
MARIA MADALENA NAS GÁLIAS *215*
A VIRGEM EM ÉFESO *217*

Apresentação

O manuscrito deste livro me foi entregue pelo Abade de um Mosteiro, no Rio de Janeiro, com o pedido de que eu fizesse uma revisão para colocá-lo em condições de ser publicado por uma das grandes editoras do país, permitindo, assim, alcançar um público mais amplo.

Tal manuscrito fora encontrado na cela de um dos monges após a sua morte.

Devo advertir que este livro — *Memorial da Virgem — Cristianismo para o nosso tempo ("Os homens precisam de Deus")* é o primeiro de uma trilogia. Os outros dois serão:

- "A palavra e o Mundo — Cristianismo e Império Romano" (ainda: "Os homens precisam de Deus").
- "Deus precisa dos homens — Cristianismo e as Testemunhas" (até nossos dias).

Pretendo fazer a revisão desses outros dois livros ao longo dos próximos meses. Mas devo lembrar que estou

JOÃO PAULO DOS REIS VELLOSO

escrevendo um livro de interpretação do Desenvolvimento Brasileiro: "A solidão do corredor de longa distância."

Ao lado disso, minha atividade principal (mas não a única) continua sendo a Presidência do FÓRUM NACIONAL.

Rio de Janeiro, março de 2010.

JOÃO PAULO DOS REIS VELLOSO

INTRODUÇÃO:
A virgem indaga

MEMORIAL: PERGUNTAS QUE SE FAZ A VIRGEM, EM NOSSOS DIAS

I. NAQUELE TEMPO, JESUS DEU SINAIS (MILAGRES) DA PRESENÇA DE DEUS NO MUNDO. PARECE QUE OS HOMENS PRECISAVAM DE DEUS DE FORMA VISÍVEL, E POR ISSO ACONTECEU A "NOVA E ETERNA ALIANÇA".

II. AS PRIMEIRAS TESTEMUNHAS — OS APÓSTOLOS, LIDERADOS POR PEDRO (E PAULO) CONTINUARAM DANDO SINAIS. FAZIAM MUITOS MILAGRES. PEDRO E PAULO SEGUIRAM CAMINHOS DIFERENTES? QUAL ERA O MELHOR CAMINHO?

III. DEPOIS, AO LONGO DOS SÉCULOS, OS SINAIS ESCASSEARAM. SIGNIFICA QUE AGORA DEUS É QUE PRECISA DOS HOMENS, PARA QUE O REINO DE DEUS CONTINUE A EXISTIR NA TERRA — E A ALIANÇA CONTINUE. HOUVE SEMPRE TESTEMUNHAS?

IV. PEDRO, O PRIMEIRO PAPA, ERA UM HOMEM SIMPLES. DEPOIS, EM CERTAS ÉPOCAS, O PAPA E A IGREJA FICARAM RICOS. HOUVE PAPAS QUE FIZERAM GUERRAS, QUE QUISERAM O PODER TEMPORAL (E O CONSEGUIRAM). COMO SE EXPLICA

JOÃO PAULO DOS REIS VELLOSO

ISSO? DEIXARAM DE SER PAPAS — OU SEJA, NÃO SÃO CONTI-
NUADORES DA PREGAÇÃO E DO TESTEMUNHO DE PEDRO?

V. EM NOME DE DEUS, HOUVE CRUZADAS CONTRA OS MOUROS,
COM SAQUES E VIOLAÇÃO DE MULHERES. HOUVE GUERRAS
RELIGIOSAS, ENTRE CATÓLICOS E PROTESTANTES. A IGREJA
MANTEVE, DURANTE SÉCULOS, A INQUISIÇÃO, E, POR SUA
CONDENAÇÃO DOS HERÉTICOS, FORAM ELES LEVADOS À FO-
GUEIRA. TUDO ISSO EM NOME DE DEUS?

VI. NO SÉCULO XX, CRISTÃOS AJUDARAM OS TOTALITARISMOS
A FLORESCER — NAZISMO, COMUNISMO. E DEPOIS, QUAN-
DO VIRAM O QUE TINHA ACONTECIDO, FREQUENTEMENTE
SE ACOMODARAM. NÃO QUERIAM SER MÁRTIRES. OU QUE-
RIAM CONTINUAR VIVENDO NORMALMENTE, NO MEIO DO
INCÊNDIO?

VII. DEPOIS DO QUE CHAMAM DE REVOLUÇÃO INDUSTRIAL, A
PRODUÇÃO DE BENS E SERVIÇOS PASSOU A ACONTECER EM
LARGA ESCALA, E ATÉ EM MASSA. A DE ALIMENTOS TAMBÉM.
OS CRISTÃOS PASSARAM A CONSUMIR MUITO, TORNARAM-SE,
FREQUENTEMENTE, ADEPTOS DO CONSUMISMO MODERNO
(NA MAIORIA, BENS SUPÉRFLUOS). ATÉ BOA PARTE DAS CLAS-
SES DE RENDA BAIXA ADERIU AO CONSUMISMO MODERNO.

VIII. ENQUANTO ISSO, CONTINUA HAVENDO GRANDE CONTIN-
GENTE DE POBRES, QUE NÃO TÊM RENDA PARA ATENDER ÀS
SUAS NECESSIDADES BÁSICAS. CRIARAM-SE ATÉ, EM INÚMEROS
PAÍSES, OS GUETOS MODERNOS — AS FAVELAS —, ONDE AS
COMUNIDADES NÃO DISPÕEM DE PROTEÇÃO, NEM DAS POLÍ-
TICAS SOCIAIS DO ESTADO. ALÉM DISSO, TÊM FOME E SEDE
DE APRENDER, DE SEREM INCLUÍDOS. EU TAMBÉM GOSTO DE

MEMORIAL DA VIRGEM

APRENDER, E GOSTO DE PERTENCER A UMA COMUNIDADE, COMO FAZEMOS EM NAZARÉ.

IX. É ESSE UM MUNDO CRISTÃO?

X. O CRISTIANISMO, NO TEMPO ATUAL, É CRISTÃO? VERDADEIRAMENTE CRISTÃO? A "ALIANÇA" CONTINUA, OS PASTORES (PAPAS, BISPOS, PADRES) SÃO BONS PASTORES? E O POVO DE DEUS OUVE, REALMENTE, A PREGAÇÃO DE JESUS?

XI. SERÁ QUE O SACRIFÍCIO DE JESUS — O CRISTO, MEU FILHO E MEU DEUS —, NÃO SERVIU PARA MUITA COISA? É PRECISO QUE ELE SEJA CRUCIFICADO NOVAMENTE? OU MORRA DE OUTRA FORMA — NA CÂMARA DE GÁS, OU BALEADO POR NARCOTRAFICANTES, OU — O QUE É PIOR — DEIXADO DE LADO PELA NOSSA INDIFERENÇA, PELA NOSSA PROCURA DE BENS E SENSAÇÕES MATERIAIS, PARA SACIAR NOSSA FOME E SEDE DE POSSUIR?

ESSAS E OUTRAS QUESTÕES
EU, MARIA, ME COLOCO.
E VOU PROCURAR RESPOSTA

PRÓLOGO:
Condições geográficas, políticas, religiosas e sociais da Palestina no início da Era Cristã

CONDIÇÕES GEOGRÁFICAS

Cícero: "O Deus dos judeus deve ser um Deus muito pequeno, pois deu ao seu povo uma terra tão pequena" (aproximadamente, 30.000 km². O Estado do Rio tem 43.700 km²).

Clima: Praticamente, duas estações — das chuvas e da estiagem. Por isso, os pastores podiam guardar seus rebanhos ao ar livre, na noite da Natividade (e sempre). As quatro províncias: Judeia (sul), Samaria (centro) e Galileia (norte), à margem esquerda do Rio Jordão; Pereia (do grego, "de lá"), margem direita.

Além disso, a Decápole, uma federação de 10 cidades greco-romanas, criada por Pompeu, o Grande (circa 64 a.C.).

Cidades Principais (para esta história):

- Jerusalém, onde ficava o templo (hoje, destaca-se a Igreja do Santo Sepulcro e o Túmulo da Virgem no Vale de Sidron).
- Belém ("Casa do Pai", em hebreu), onde fica a Basílica da Natividade e, em seu subsolo, a Gruta do Nascimento de Jesus.
- Nazaré (Igreja da Anunciação e "O Poço de Maria").
- Caná (duas Igrejas comemorativas do Primeiro Milagre).
- Betânia — Igreja de Lázaro.
- Magdala ("Torre de Grandeza"), à época uma grande cidade (40 000 habitantes), hoje uma vila de pescadores.
- Monte das Bem-Aventuranças (com Igreja das Bem-Aventuranças) — Sermão da Montanha.

CONDIÇÕES RELIGIOSAS:
PRINCIPAIS GRUPOS E CLASSES (CASTAS)

- Fariseus: "Hipócritas donos da verdade" (pelo significado, os "separados", "os que não se misturam"). Pregavam a estrita obediência à Lei e, principalmente, a seus rituais.
- Saduceus: A casta dos príncipes dos sacerdotes (os sacerdotes, em geral).
- Escribas: A classe (respeitada) dos professores e <u>scholars</u>. Mestres da Lei — uma "combinação de teólogo e advogado" (e.b.)
- Zelotes: "Tomavam o ideal de uma teocracia e zelo pela Lei extremamente a sério". Chegavam ao fanatismo, formando um grupo religioso/político que chegou a fazer guerra de guerrilhas contra os romanos.
- Essênios: Viviam mais retirados que Fariseus e Saduceus (provável origem do nome: "os piedosos"), e eram extremamente apegados à Lei. Viviam princi-

palmente em aldeias, e parecem ter muita semelhança com a Comunidade Qumrãn. Chegavam ao ponto de abster-se do casamento, para evitar contato com mulher — e manchar-se.

Sinédrio: Uma espécie de Senado, detinha a autoridade suprema em matéria religiosa e judicial (embora não pudesse aplicar a pena de morte). Provavelmente tinha relação próxima com o poder romano. No Sinédrio, as forças mais poderosas eram os Saduceus, Fariseus e Escribas.

CONDIÇÕES POLÍTICAS

A Era Cristã começou, praticamente, em época simultânea à emergência do Império Romano. Ou seja, a passagem de Roma, de República a Império. No século anterior à Era Cristã, lutas pelo poder e até guerras civis, tanto em Roma como na Palestina. E a interligação, pelo fato de que candidatos ao poder na Palestina (exemplo: Herodes, o Grande) procuravam o apoio de Roma.

Assim é que, no meio dessas disputas pelo poder, aqui e lá, Pompeu chegou à Palestina, em 63 a.C., foi até Jerusalém e entrou no Templo. Foi o início do processo de incorporação do Estado Judeu ao Império Romano.

Após o assassinato de Julio César, forma-se o Triunvirato que passou a governar o Império Romano (Marco Antônio, Otaviano e Lepidus).

Marco Antônio convence Otaviano a apoiar Herodes, que então se tornou Rei dos Judeus. Herodes (o Grande), um idumeu de origem árabe, veio a receber o apoio de Otaviano (já então, Augustus) e passou a fazer jogo duplo: de um lado, construindo um teatro e anfiteatro de estilo romano, além de um Templo para Augustus. De outro, reconstruindo, com ampliação, o Templo de Jerusalém, para apaziguar os judeus (poderia ser considerado uma das maravilhas da Antiguidade).

Herodes e problemas familiares: razões políticas o levaram a mandar assassinar a primeira mulher e três filhos (um, das dez esposas que passou a ter).

Após a Natividade, o massacre dos inocentes, em Belém.

Sucessão: A tetrarquia, com Herodes Antipas governando a Galileia e Pereia. Mas, posteriormente, a Judeia passou a ser província romana, governada por um procurador (Pôncio Pilatos, na época do julgamento de Cristo).

A COMUNIDADE DE QUMRÃN
("PERGAMINHOS DO MAR MORTO")

Mar Morto: Nenhuma criatura (peixes, algas, plantas) ali vive. Por quê? É o lago mais salgado do mundo — suas águas têm 10 vezes mais sal que o mar, por causa da evaporação (temperaturas médias entre 30 e 40 graus, com precipitação de apenas 5cm e 330 dias de sol por ano).

Josefus (historiador judeu): "Quando Vespasiano (Imperador Romano) chegou às margens do mar .... ordenou que se pegassem pessoas que não soubessem nadar, que se amarrassem suas mãos atrás das costas e que essas pessoas fossem jogadas ao mar, mas todas flutuaram, como se o ventos as jogassem para cima."

Os Pergaminhos: Descobertos em 1947, datam do século III a.C. até 68 d.C. e demonstram a "rica atividade literária" e o modo de viver de uma comunidade judaica no período do Segundo Templo.

Características da Comunidade:

- Os rituais (batismos) de purificação: "a preocupação com a pureza ritual exercia um papel único e dominante na Comunidade de Qumrãn".*
- Membros da Comunidade eram classificados conforme seu grau de iniciação (e isso correspondia a certo grau de pureza ou impureza).
- A refeição comunal era um dos eventos cotidianos mais importantes (duas vezes ao dia). Somente os membros participavam. Tinha caráter sagrado.
- "Eles devem comer em grupo e abençoar em grupo e deliberar em grupo.... e quando a mesa tiver sido preparada para comer, e o vinho novo para beber, o sacerdote deve ser o primeiro a esticar a mão para abençoar os primeiros frutos, do pão e do novo vinho" (Regras da Comunidade, VI, 2-5).

A Comunidade e os Essênios:

- Comunidade parece ter tido origem nos círculos religiosos anti-helenísticos formados no início da época dos Macabeus, preocupados com a crescente difusão da cultura grega.
- Josephus classifica os judeus do Segundo Templo em três grupos: Saduceus, Fariseus e Essênios. Essênios teriam passado a isolar-se quando os príncipes macabeus no poder usurparam o ofício do Sumo Sacerdote.

---

* "Pergaminhos do Mar Morto", Grupo VR, 2004.

- Os conceitos e crenças da Comunidade têm muita afinidade com as dos Essênios, e contrastam com as dos outros dois grupos. Daí a teoria de que os membros da Comunidade seriam Essênios.

CONDIÇÕES SOCIAIS

Pela sua grande influência, as condições religiosas já disseram muito sobre as condições sociais:

Relações Sociais: Particularmente nas classes populares, relações eram cordiais e havia ajuda mútua.
Classe Superior (sacerdotes, doutores da lei, cidadãos influentes) olhava do alto o "povo da terra", ou seja, as classes populares.

Relações de judeus com pagãos (gentios) eram, de lado a lado, em geral hostis. Daí, considerar-se pecado fazer refeição com os pagãos. Penetrar na casa de pagãos ou mesmo vir de território pagão era fonte de "impureza".

Hostilidade secular entre judeus e samaritanos.

MEMORIAL DA VIRGEM

Ofícios e profissões pouco numerosas: pescaria, carpintaria, agricultura. Vinhateiros e pastores, numerosos. Trabalho manual valorizado, mesmo pelos que estudavam (exemplo: Paulo). Artífices numerosos, de vários ofícios.

Língua — o aramaico, embora o grego tivesse certa penetração na Galileia do Norte (e fosse muito falado entre os judeus da Diáspora, em diferentes países). Essa, uma das razões pelas quais os Quatro Evangelhos foram escritos em grego.

Os "despossuídos" — pobres (ou muito pobres) e doentes. Pastores, em geral, eram pobres ou muito pobres. E certas doenças eram tidas como expiação de culpa, do doente ou dos pais. Exemplo: lepra levava ao completo isolamento. Os "Possuídos do Demônio" eram considerados literalmente (esquecendo que a mente humana cria os nossos próprios demônios).

PARTE I

O mistério do amor: o alvorecer da Nova Aliança

PRÓLOGO DO EVANGELHO SEGUNDO JOÃO

"No princípio era o Verbo,
E o Verbo estava com Deus,
E o Verbo era Deus.
"No princípio, Ele estava com Deus.
Tudo foi feito por meio dele
E sem Ele nada foi feito.
O que foi feito nele era a Vida,
E a Vida era a luz dos homens;
E a luz brilha nas trevas,
Mas as trevas não a apreenderam.

....

"Ele era a luz verdadeira
Que ilumina todo homem;
Ele veio ao mundo.
Ele estava no mundo

E o mundo foi feito por meio dele,
Mas o mundo não O reconheceu.
Veio para o que era Seu
E os Seus não O receberam.
Mas a todos que O receberam
Deu o poder
De se tornarem filhos de Deus;
Aos que creem em Seu nome,
Eles, que não foram
Gerados nem do sangue,
Nem de uma vontade da carne,
Nem de uma vontade do homem,
Mas de Deus.
E o Verbo se fez carne,
E habitou entre nós;
E nós vimos a Sua glória,
Glória que Ele tem junto ao Pai,
Como Filho Único,
Cheio de graça e de verdade.

....

"Ninguém jamais viu a Deus:
O Filho Unigênito,
Que está no seio do Pai,
Este O deu a conhecer."

O *Apocalipse e a Virgem*

"Abriu-se o Templo de Deus e apareceu, no seu Templo, a Arca do seu testamento... Apareceu em seguida um grande sinal no céu: uma mulher revestida do sol, a lua debaixo dos seus pés e na cabeça uma coroa de doze estrelas. Depois apareceu outro sinal no céu: um grande dragão vermelho, com sete cabeças e dez chifres, e nas cabeças sete coroas.... Esse dragão deteve-se diante da mulher, que estava para dar à luz, a fim de que, quando ela desse à luz, lhe devorasse o filho. Ela deu à luz um filho, um menino, aquele que deve reger todas as nações..."

Natividade e amor

A NATIVIDADE: PASTORES, ANJOS E MAGOS

Naquele tempo, em Belém de Judá, a Virgem estava recostada em uma almofada e sentada sobre a palha, na gruta. Ao lado, o menino, envolvido em panos, dormia na manjedoura, que José havia lavado.

Do lado de lá, os animais também dormiam. Noite avançada.

Do lado de cá, José sentado ao lado de Maria. Olhava para ela, pensando: deu tudo certo, apesar de não terem conseguido lugar na hospedaria. Belém, a cidade de Davi, estava superlotada, por causa do recenseamento, feito por ordem de César Augusto. Provavelmente, para poder cobrar mais impostos, achava José. E por isso tivemos de deixar Nazaré, na Galileia, e vir para cá, onde nasci. E Maria, já em estado de gravidez avançada. Mas ela está linda, a beleza de sua alma. A beleza de ter um filho.

E o anjo lhe tinha dito, em sonho (*"Acho que foi um anjo — a luz era tão forte, vinda do céu, que nem conse-*

guia ver direito"). Tinha dito: "José, Filho de Davi, o que Maria concebeu é obra do Espírito Santo."

Ao seu lado, Maria falou: "José, por favor, quero pegar o menino ao colo, ver se está bem."

Nesse momento, viram que havia gente descendo a rampa que levava à gruta.

Apareceram pastores, com suas ovelhas. Ajoelharam-se diante de Maria e do Menino, no seu colo. Disseram: "Vimos uma grande luz, e no meio dela um jovem de vestes brancas, que nos disse para não temermos:" "Na cidade de Davi, acaba de nascer um Salvador — o Messias. Disse que encontraríamos um menino envolto em panos, numa manjedoura. Depois, apareceram outros anjos — só podem ser anjos, pois vieram do céu. E ouvimos cantos, uma música linda. Por isso, aqui estamos. Para adorar o Salvador."

Maria tomou o menino no colo, e viu uma luz muito forte, entrando pela rampa e iluminando tudo. No meio dela, o jovem de veste branca, que se ajoelhou, sorriu para Maria, e, depois, olhou para trás.

Estavam entrando mais pessoas: três homens de turbante, muito bem vestidos, que haviam descido dos seus camelos, por causa da rampa. Vieram até Maria, prostraram-se diante do menino e o adoraram. Depois, abriram seus cofres e lhe ofereceram presentes: ouro, incenso e mirra.* Sorriram para Maria, o Menino e José.

---

* Ouro, símbolo de realeza; incenso, de Divindade; Mirra, de Paixão da Vida (tradição da Igreja).

MEMORIAL DA VIRGEM

Falaram: "Somos do Oriente. Chamam-nos de Magos, ou de Sábios, porque estudamos, principalmente os astros. Vimos uma estrela diferente, e, verificando os nossos livros, chegamos à conclusão de que ela devia significar o nascimento do novo rei dos judeus. Um rei diferente, e muito mais importante. Os livros usavam a palavra 'Salvador'."

"Resolvemos acompanhar a estrela, e aqui estamos, para manifestar nossa alegria e adorá-lo. Nossos nomes: Gaspar, Melquior e Baltazar."

Ficaram um pouco, depois se curvaram novamente e encaminharam-se para a saída. José os acompanhou até a rampa. Ao iniciar a subida, um deles falou a José: "Fomos a Jerusalém e falamos com Herodes, o Grande. Ele nos disse que também gostaria de vir adorar o novo rei dos judeus. Mas desconfiamos de suas intenções. Tenham cuidado."

E lá foram, de volta para o Oriente. Diante de tudo isso, Maria ponderava o que tinham visto, no seu coração. E se lembrou quando o mensageiro da Anunciação lhe tinha dito para dar à criança o nome Jesus. Em nossa antiga língua, o hebraico, quer dizer "Iaweh Salva". É, salva.

Maria e as novas testemunhas (um sonho?)

Um pouco cansada, Maria voltou a recostar-se. E teve um sonho: foi sonho — ou acordou com a chegada de novas pessoas?

O primeiro a ajoelhar-se falou: "Sou Pedro." E fez o sinal da cruz.

Passaram também Mateus, Marcos, Lucas e João. E muitos outros: Maria Madalena e seus irmãos (Marta e Lázaro). E outros, que diziam o nome e falavam: "Também sou testemunha."

Finalmente, uma mocinha de uns 13 anos, que apenas disse: "Perdão."

Depois de passarem todos, José notou que não se via mais a estrela, diferente das outras. Mas ouvia-se uma música. Vinda de onde? Parecia uma flauta, bem suave. Os pastores? O jovem de vestes brancas?

Voltou-se para Maria e sugeriu: "Acho bom irmos dormir."

Maria: "Sim, José, mas dê-me a criança. Vou amamentá-la. Senão, daqui a pouco ela vai começar a chorar, com fome."

Natividade: as primeiras testemunhas

Primeiras testemunhas da vinda do Salvador: judeus — os pastores. E gentios — os Magos.

E pastores eram judeus despossuídos. Pobres, tendo de dormir ao relento, muitas vezes. Ou até de passar a noite em claro, porque alguma ovelha ameaçava tresmalhar.

Gentios, Magos, eram sábios, de casta sacerdotal. Talvez ricos e de qualquer forma importantes, influentes, poderosos.

Algum significado? Ninguém é excluído? Mas — talvez despossuídos sejam muito mais numerosos?

Um olhar para o futuro: a Basílica da Natividade — ontem e hoje

Cerca de quinze anos atrás, no meio de uma excursão às Ilhas do Mar Egeu, aproveitamos a escala no Cairo para visitar a Terra Santa.

Fomos a Jerusalém, e depois a Belém, visitar a Basílica da Natividade, administrada, alternadamente, por várias denominações religiosas. Visitando a Basílica, uma verdadeira multidão.

Descemos, por uma escada (rampa?), até a gruta onde, segundo a tradição, nasceu Jesus Cristo. Ao lado, a gruta de um eremita.

Saindo da Basílica, visitamos a pequena cidade. Nas ruas, também muita gente. Paramos numa lojinha, para comprar crucifixos. Lojinha de árabes. Vendendo crucifixos, miniaturas da Basílica, outros símbolos cristãos. Havia ruas inteiras cheias dessas lojinhas de _souvenirs_.

Bem. Três anos atrás, no dia de Natal, abro um jornal do Rio e encontro uma enorme foto do interior da Basílica da Natividade. Vazia, na véspera do Natal. Perdão: havia uma pessoa — uma senhora, de origem ocidental, junto à lareira, para proteger-se do frio.

O texto dizia que as ruas de Belém estavam, também, praticamente vazias, consequência das contínuas lutas entre Israel e a autoridade Palestina (ou grupos terroristas palestinos).

A dúvida: de que estariam vivendo os habitantes de Belém, sem o turismo de cristãos vindos de todas as partes do mundo?

E a questão: que pensaria Cristo do que está acontecendo na cidade em que nasceu — a cidade de Davi? Algo como: "Terei de voltar a assumir a carne humana, para ser crucificado novamente?"

Outro olhar para o futuro: "The gift of the magi" ("O presente dos magos")*

Nova York, 1899. Della contou e recontou: um dólar e sessenta centavos. E era véspera de Natal.

Della e Jim tinham dois tesouros. Jim, o relógio de ouro, herdado do pai (mas preso ao bolso por uma tira de couro, porque a corrente se fora). Della, os longos cabelos, que desciam como cascata ombros abaixo.

Tesouros que fariam inveja a Salomão e à Rainha de Sabá.

Della saiu pelas ruas, procurando o presente para o marido nas vitrines. Ao lado de uma loja, viu um aviso: "Madame Sofronie. Compra e venda de cabelos." Della subiu as escadas e negociou com Mme. Sofronie a venda dos cabelos em cascata — vinte dólares.

---

* "Best stories", de O. Henry.

De volta às vitrines, encontrou o presente ideal para Jim — uma corrente de platina para relógio masculino. Feita a compra (por vinte e um dólares), restaram-lhe sessenta centavos.

De volta ao apartamento, esperou pouco. Jim logo chegou.

Ao olhar para Della, pareceu estar sentindo algo. Não era raiva, nem loucura. Incredulidade.

"Meu Deus, Della, que aconteceu com seu cabelo?"

Ela: "Vendi-os. Mas espere até ver meu presente de Natal para você." E entregou o embrulhinho, com fio dourado, feito pela loja.

Jim o abriu, viu a corrente, e falou: "Meu presente para você, Della. O pente para seus cabelos que você sempre parava para ver na vitrine. Vendi o relógio para comprá-lo."

Entreolharam-se. Ao fim de alguns intermináveis minutos, ela sugeriu: "Sentemo-nos à mesa. Temos costeletas para a ceia de Natal."

Enquanto comiam, Jim lembrou: "Os magos do oriente é que inventaram a arte de dar presentes de Natal." Della: "E eles eram sábios."

Reflexão de O. Henry: lição para os sábios do passado e do presente — Della e Jim foram os mais sábios de todos.

Ainda o futuro: "Maria para todos"

A revista *The Economist* — sim, *The Economist* — publicou edição especial de Natal, sobre "A Mary for all"* ("Maria para todos"), dizendo: É venerada tanto por cristãos do Ocidente e do Oriente (igrejas ortodoxas), como também pela tradição da sabedoria judaica, assim como, sem sombra de dúvida, pelo Islã.

Então, na Bíblia e no Corão, ocupa a Virgem um lugar de honra — Maria Universal.

A reflexão: por quê? É a figura da mãe e da intercessora?

A mãe, escolhida por Deus para que ocorresse a Encarnação de seu Filho, também Deus. A mãe, que, como Pietá, contempla seu filho crucificado.

A Intercessora, que em Caná percebe não haver mais vinho. E recorre ao filho.

Em verdade, mãe, intercessora e discípula — a primeira discípula do Filho.

---

* Ver *The Economist*, número especial de Natal, 20.12.03 a 2.1.04, matéria de capa: "Mary, star of both Bible and Koran."

RETROSPECTO E REFLEXÃO:
Maria e o mistério do amor

OLHAR RETROSPECTIVO: A ANUNCIAÇÃO E O AMOR

Enquanto esperava José retornar, na manhã seguinte, com algo para comerem, Maria voltou, em pensamento, à Anunciação, em Nazaré.

Era a hora das vésperas e a Virgem estava meditando, quando ouviu uma voz. Em sua frente, um homem vestido de branco, banhado de luz. Ele então disse: "Sou Gabriel, o mensageiro. Alegra-te, cheia de graça, o Senhor está contigo."

Maria, intrigada, pensou um instante sobre o sentido da saudação daquele mensageiro divino. Gabriel a tranquilizou: "Não temas, Maria. Encontraste graça junto a Deus. Eis que conceberás e darás à luz um filho, e lhe darás o nome Jesus. Ele será grande, vai ser chamado o filho do Altíssimo, e o Senhor Deus lhe dará o trono de Davi, Seu Pai. Ele reinará na casa de Jacó para sempre, e o seu reinado não terá fim."

De espanto em espanto, a reação de Maria foi espontânea e óbvia: "Como é que vai ser isso, se eu não conheço homem?"

Antes que mil outras coisas lhe pudesse Maria perguntar, Gabriel respondeu: "O Espírito Santo virá sobre ti e o poder do Altíssimo vai te cobrir com a sua sombra. Por isso, o Santo que nascer será chamado <u>Filho de Deus</u>. Também Izabel, tua parenta, concebeu um filho, em idade avançada, e este é o sexto mês para aquela que chamavam de estéril. <u>Para Deus, nada é impossível</u>."

Maria, ontem e hoje: "Eu sou a serva do Senhor. Faça-se em mim segundo a Sua vontade."

E Gabriel a deixou.

Deixou-a com uma certeza e um mar de perplexidades. A certeza bastava, e a alegria — não, a felicidade não a deixou até agora, principalmente com o nascimento da criança. Ergueu-se, estendeu os braços e tomou-a no colo.

José estava voltando.

Depois de amamentar a criança e de comerem alguma coisa, Maria falou: "José, você se lembra que quando o anjo Gabriel anunciou que eu conceberia, por força do Espírito Santo, ele falou que o menino seria chamado Filho de Deus?"

"Claro, Maria."

"Então, essa criancinha que tenho no colo é o Filho de Deus, e Deus também?"

"É assim que eu vejo as coisas."

Maria refletiu um instante e depois falou: "Por que Deus mandou Seu Filho ao mundo? O Senhor tem uma Aliança conosco. Com o povo de Israel. Vai Ele trazer uma nova Aliança? Senão, por que Ele se fez homem, por que veio ao mundo?"

José: "A missão dele não será política. O mensageiro falou, segundo você me disse: "Seu reinado não terá fim." Logo, não diz respeito aos romanos, nem a Herodes. Só pode ser algo divino e eterno."

Maria: "A verdade é que não sabemos. O melhor é aguardar. Deus, ou Ele, vai dizer-nos, quando achar que chegou a hora."

E acrescentou: "Eu me sinto tão frágil para essa tarefa — ser mãe do Filho de Deus. Mas fui eu a escolhida. Logo, Deus estará conosco o tempo todo. Isso é que importa."

A VISITAÇÃO E O MAGNIFICAT (CANTO DE AMOR)

Maria e Isabel

Maria lembrou-se de que a primeira ideia que lhe veio, após a Anunciação, foi que tinha de visitar imediatamente Isabel, já no sexto mês. Inacreditavelmente: Isabel, em idade avançada, ia ter um filho.

A Virgem-Mãe queria ouvir a história da prima, e queria contar a sua história.

Por isso, sem demora, dirigiu-se à cidadezinha nas montanhas de Judá onde moravam Isabel e Zacarias. A companhia de José a tranquilizava. José, o bom José.

A surpresa veio quando Isabel, ouvindo a saudação de Maria, ao entrar na casa, sentiu a criança estremecer-lhe no ventre e, sob inspiração do Espírito Santo, exclamou: "Bendita és tu entre as mulheres e bendito é o fruto de teu ventre." E em seguida: "A mãe do meu Senhor vem visitar-me?"

Diante da evidência de que Deus já havia falado através de Isabel, Maria não se conteve e deixou a alma entoar o seu canto de amor e ação de graças:

"Minha alma engrandece o Senhor,
O meu espírito exalta em Deus o meu Salvador;
Porque olhou para a humilhação de sua serva.
Sim. Doravante as gerações todas
Me chamarão de bem-aventurada,
Pois o Todo-Poderoso fez grandes coisas
Em meu favor.
Seu nome é santo
E Sua misericórdia perdura de geração em geração,
Para aqueles que o temem.
Agiu com a força de seu braço,
Dispersou os homens de coração orgulhoso.
Depôs poderosos de seus tronos,
E a humildes exaltou.
Cumulou de bens a famintos
E despediu ricos de mãos vazias.
Socorreu Israel, seu servo,
Lembrado de sua misericórdia
— conforme prometera a nossos pais —
Em favor de Abraão e de sua descendência, para sempre."

Maria e Isabel se abraçaram.

Maria: "Então, e você que vivia me dizendo que não poderia mais ter filho?"

Isabel: "Não dá para acreditar. Um dia Zacarias, como sacerdote, entrou no Santuário do Senhor, no Templo, para oferecer o incenso. Apareceu-lhe Gabriel, um mensageiro do Senhor, e lhe falou que sua súplica fora ouvida. Você sabe como sofremos por ser eu estéril. Parecia uma maldição. Os vizinhos comentavam."

Continuando: "Gabriel falou que eu teria um filho, que deveria chamar-se João. E que nosso filho seria grande diante do Senhor. Como Zacarias indagou de que forma isso poderia acontecer, pois somos de idade avançada, o mensageiro disse que ele ficaria mudo, por ter duvidado. E assim aconteceu."

Naturalmente, em seguida Isabel quis saber a história da Anunciação.

À noite, depois de comerem, Maria falou: "Zacarias, quando soube de minha gravidez, o rabino Zananel, em Nazaré, lembrou a José o texto de Isaías, falando que o Senhor daria um sinal: 'Uma Virgem ficaria grávida e o filho seria chamado Emanuel (Deus conosco). E complementa dizendo que sairia do Tronco de Davi.'

"E depois citou outro texto, em que Isaías fala da 'voz que clama no deserto', aplainando os caminhos do Senhor."

"Segundo o rabino, esses dois textos estão interligados. Que acha?"

Zacarias ponderou e fez sinal com a cabeça, como dizendo ser possível.

O *canto de Zacarias*

Maria (e José) partiram, de volta a Nazaré, logo após o nascimento do filho de Isabel.

Que veio, realmente, a chamar-se João. Por decisão de Zacarias. Quando quiseram dar à criança o nome do pai, Zacarias tomou uma taboinha e escreveu: "Seu nome é João." Como dissera o mensageiro divino.

Após a circuncisão, Zacarias, que havia imediatamente recuperado a fala, recebeu o Espírito Santo e entoou um canto profético:

"Bendito seja o Senhor Deus de Israel,
Porque visitou e redimiu o seu povo,
E suscitou-nos uma força de salvação
Na casa de Davi, seu servo,
Como prometera desde tempos remotos,
Pela boca de seus santos profetas,
Salvação que nos liberta dos nossos inimigos.
E da mão de todos os que nos odeiam;
Para fazer misericórdia com nossos pais,
Lembrado de sua Aliança Sagrada,
Do juramento que fez ao nosso pai Abraão,
De nos conceder que — sem temor,
Libertos da mão dos nossos inimigos —
Nós O sirvamos com Santidade e Justiça,
Em Sua presença, todos os nossos dias.
Ora, tu também, menino,

Serás chamado profeta do Altíssimo,
Pois irás à frente do Senhor,
Para preparar-Lhe os caminhos,
Para transmitir ao seu povo o conhecimento da
salvação
Pela remissão de seus pecados.
Graças ao misericordioso coração de nosso Deus,
Pelo qual nos visita o astro* das alturas,
Para iluminar os que jazem
Nas trevas e na sombra da morte,
Para guiar nossos passos
No caminho da paz."

Isabel, ao seu lado, não pode deixar de recordar-se do final de sua conversa com Maria, no dia primeiro da Visitação.

---

* Anatolê: Título do Messias, astro que traz a luz (BJ).

Jesus — até os trinta anos

SIMEÃO E ANA

Encontrando-se eles ainda em Belém, quando estava prestes a completar-se o prazo para a purificação de Maria e a apresentação de Jesus (que já fora circuncidado) ao Templo de Jerusalém, José começou a preocupar-se.

Por isso, falou a Maria: "Temos de ter muito cuidado. Os Magos do oriente nos advertiram que Herodes quer fazer mal ao nosso filho. Mas temos de cumprir a lei do Senhor."

Maria: "Qual é, então, sua ideia, José?"

"Creio que o melhor é sairmos depois do por do sol e viajar à noite. É mais prudente."

E assim fizeram. A viagem, até perto de Jerusalém, decorreu sem incidentes. Mas, já noite avançada, viram de repente, saindo de uma vereda que terminava na estrada, um homem maltrapilho, que se dirigiu a eles.

José parou, deixando que o estranho falasse.

"Comida, por favor. As minhas armadilhas não pegaram nenhum animal."

José, aliviado, deu ao estranho um pedaço de pão e um pouco de água.

"Onde mora você?"

"Por aí. Qualquer lugar serve para mim. No momento, estou numa cabana aqui perto, porque sempre consigo algo para comer. E tomem cuidado. Há salteadores na estrada, de vez em quando."

Voltou-se, andou dois passos e desapareceu.

José tomou essa estranha aparição como um sinal. Prosseguiram, com cautela e pressa, e chegaram a Jerusalém sem mais incidentes. Na manhã seguinte, foram dos primeiros a apresentar-se no Templo — ele, Maria e a criança no colo.

Foi-lhes ao encontro um senhor de idade, Simeão, que conheciam de vista, e falou: "Foi-me revelado pelo Espírito Santo que não veria a morte antes de ver o Cristo do Senhor. E, pela revelação do Espírito, vim ao Templo hoje. Posso segurar o menino um instante?"

Tomou Jesus ao colo e entoou o seu cântigo:

"Agora, Soberano Senhor, podes despedir
Em paz o teu servo, segundo a Tua Palavra:
Porque meus olhos viram Tua salvação,
Que preparaste em face de todos os povos,
Luz para iluminar as nações,
E glória de teu povo, Israel."

MEMORIAL DA VIRGEM

José e Maria não disseram palavra. Simeão restituiu à Virgem-Mãe o menino Jesus.

Em seguida, abençoou os três.

Uma sombra passou-lhe pela visão, nesse momento, e em seguida falou, dirigindo-se a Maria: "Eis que este menino foi posto para a queda e o soerguimento de muitos em Israel, e como um sinal de contradição — e a ti, uma espada transpassará tua alma —, para que se revelem os pensamentos íntimos de muitos corações."

Maria apertou o menino contra o seio. Respirou fundo. Nada disse.

Voltando-se, notou que se encaminhava para ela a velha e piedosa Ana, viúva, que já alcançava bem mais de oitenta anos. Era filha de Fanvel, da tribo de Aser, e passava o dia todo no Templo.

Ana, vendo o menino Jesus no colo da mãe, inclinou-se e entoou um cântico de ação de graças ao Senhor e de louvor a Jesus como salvador de Israel.

Maria agradeceu aos dois, com um aceno de cabeça e uma pequena mesura.

Saíram, Maria e José, de volta à hospedaria, para não chamar mais atenção, porque Ana continuava louvando o menino para todos em volta.

Partiram de Jerusalém, deixando para comer algo na estrada, à sombra de alguma árvore e sempre olhando para trás, com receio de estarem sendo seguidos.

JESUS E OS DOUTORES DA LEI

Retornando do Egito, tempos depois, José, Maria e Jesus foram morar em Nazaré, na Galileia.

A província da Galileia é um planalto, com um vale em que parece esconder-se Nazaré. Lá é que Maria e José se tinham casado, após a Anunciação.

Nazaré — "povoado modesto, agrícola, afastado de todas as vias de comunicação comerciais ou políticas, sem história, sem um poeta, sem um historiador de Israel que dela se ocupasse..."

Até então.

A ida para o Egito resultara de um sonho em que um mensageiro dissera a José que para lá fugissem, imediatamente. No caminho, haviam sabido do "Massacre dos Inocentes", perpetrado por ordem de Herodes, dominado pela ira, após convencer-se de que os magos não voltariam a Jerusalém.

Era a realização da profecia de Jeremias:

"Ouviu-se uma voz em Ramá,
Choro e grande lamentação;
Raquel chora seus filhos;
E não quer consolação,
Porque eles já não existem."

A volta do Egito, provavelmente alguns anos depois, também decorrera de um aviso do Senhor. Em Nazaré, o menino crescia, tornava-se robusto, enchia-se de sabedoria; e a graça de Deus estava com ele.

Quando Jesus estava com doze anos, seus pais, como faziam todos os anos, foram com ele a Jerusalém, para a festa da Páscoa.

Passada a Páscoa, Maria e José iniciaram a volta a Nazaré, em caravana. Ao fim do primeiro dia de viagem, após verificarem que Jesus não estava entre as outras crianças, estranharam muito, pois tinham confiança nele. Não havia saída senão voltar a Jerusalém.

Após busca em todos os lugares que costumavam frequentar, resolveram ir ao Templo. E lá o encontraram, sentado em meio aos doutores, ouvindo-os e interrogando-os. Sua inteligência, seu conhecimento da Lei e sua sabedoria os impressionava. Doze anos.

Maria correu para abraçá-lo e contou o que tinha acontecido. Perguntou: "Meu filho, por que agiste assim conosco? Olha que teu pai e eu, aflitos, te procurávamos."

A resposta de Jesus foi desconcertante: "Por que me procuráveis? Não sabíeis que eu devo estar na casa de meu Pai?"

Maria e José se entreolharam, sem perceber o sentido do que dizia aquele pré-adolescente, em geral confiável e gentil. Só depois é que Maria atinou com o significado geral da resposta e, principalmente, da expressão "devo estar na casa de meu Pai".

Segue-se a descida de volta a Nazaré, o retorno à rotina de trabalho de José e Jesus como carpinteiros, a modéstia da vida daquela família. Sagrada Família.

Jesus lhes era submisso. Como sempre fora. E crescia em sabedoria, em estatura e em graça, diante de Deus e diante dos homens.

Maria conservava a lembrança de tudo que acontecera. E refletia, sobre isso e sobre Jesus. E sobre o que estava por vir.

PARTE II

O anúncio da "Nova Aliança" (a "Boa-Nova")

Yokanaan, o Tentador e o início da Missão: bodas

YOKANAAN — UMA TRAGÉDIA À SOMBRA DA CRUZ*

Yokanaan prepara o caminho

Isaías sobre o precursor do Messias:
"Uma voz clama no deserto:
Preparai o caminho do Senhor,
Na estepe, aplainai
Uma vereda para o nosso Deus.
Seja coberto todo vale,
Todo monte e toda colina sejam aplainados;
Transformem-se os lugares escarpados em planícies,
E as elevações, em largos vales.
Então, a glória do Senhor há de revelar-se
E toda carne, de uma só vez, O verá,
Pois a boca do Senhor o afirmou."

---

* Ver Octavio de Faria, *Três tragédias à sombra da cruz*, Editora José Olympio, 1939.

É o precursor. O que vem antes, para anunciar.

Então, naquele tempo, inicialmente, João, filho de Isabel e Zacarias, nascido (provavelmente) em Ain Karim, a 5 km de Jerusalém, foi viver no deserto da Judeia. E lá pregava. Deveria ter 29 a 30 anos.

Vestia uma pele de camelo e alimentava-se de mel e gafanhotos. Mas não era um selvagem, nem um eremita. Fez a sua opção: não quis ser um sacerdote, como o pai.

Resolveu manifestar-se a Israel e, até, aos gentios, que o vinham ouvir (como constatou, depois, Paulo).

Mas Deus o chamou para as margens do Jordão, onde pregava e dava o seu batismo (daí: João Batista). Batismo para a vida, diferente do ritual da Comunidade de Qumrãn (ablução diária).

Ao seu encontro iam, principalmente, moradores de Jerusalém, de toda a Judeia, das comunidades em volta do Rio Jordão. Confessavam os pecados e recebiam o batismo, que a Lei praticada em Israel não incluía.

Percebendo muitos fariseus e saduceus entre os que iam ouvi-lo, falou: "Raça de víboras, quem vos ensinou a fugir da ira que está por vir? Produzi, então, fruto digno de arrependimento, e não basta dizer: 'Temos por pai Abraão'. Pois eu vos digo que mesmo destas pedras Deus pode suscitar filhos a Abraão. O machado já está posto à raiz das árvores; e toda árvore que não produzir bom fruto será cortada e levada ao fogo."

MEMORIAL DA VIRGEM

João Batista prenuncia a "Boa-Nova"

Todavia, em geral, apesar do tom às vezes apocalíptico, João Batista preocupava-se em prenunciar a "Boa-Nova".

Assim, quando as multidões o interrogavam: "Que devemos fazer?", respondia-lhes: "Quem tiver duas túnicas, reparta com aquele que não tem, e quem tiver o que comer, faça o mesmo."

Alguns publicanos também vieram para ser batizados e perguntaram-lhe: "Mestre, que devemos fazer?" Ele disse: "Não deveis cobrar (de impostos) nada além do que está prescrito."

Os soldados, por sua vez, perguntavam: "E nós, que precisamos fazer?" Disse-lhes: "A ninguém molesteis com extorsões. Não denuncieis falsamente e contentai-vos com o vosso soldo."

João Batista e os mensageiros de Jerusalém

Este foi o testemunho de João, quando vieram mensageiros de Jerusalém e o interrogaram: "Quem és tu?" Ele confessou: "Eu não sou o Messias." Perguntaram-lhe: "Quem és, então? És tu Elias?"

Ele disse: "Não o sou." Mensageiros: "És o Profeta?" Ele respondeu: "Não." Eles perguntaram: "Quem és, para dizermos aos que nos enviaram? Que dizes de ti mesmo?"

João:

"Eu sou a voz que clama no deserto; preparai o caminho do Senhor, como disse o Profeta Isaías."

Como alguns dos enviados eram fariseus, resolveram interpelá-lo: "Se não és o Messias nem Elias, por que batizas?"

João: "Eu batizo com água. No meio de vós está alguém que não conheceis, aquele que vem depois de mim e de quem não sou digno de desatar a correia das sandálias. Ele vos batizará com o Espírito Santo e com fogo."

E com isso os mensageiros simplesmente tomaram o caminho de volta a Jerusalém. E pensavam: "A profecia de Isaías se realizou." Mais: "Alguém que está no meio de nós veio batizar com o Espírito e com fogo." Apressaram a marcha: "Os que nos mandaram que decidam — novos tempos estão chegando."

Jesus nas águas do Jordão

Aconteceu, naqueles dias, que Jesus veio de Nazaré ao encontro de João.

Ao vê-lo, ainda à distância, João Batista falou: "Eis o cordeiro de Deus, que tira os pecados do mundo. Dele é que eu disse:

'Depois de mim, vem um homem
Que passou adiante de mim,
Porque existia antes de mim.'

Eu não o conhecia, mas, para que Ele fosse manifestado a Israel, vim batizar com água."

João Batista vê em Jesus (que se encaminha lentamente para ele) o cordeiro pascal, vítima imolada para libertar Israel. E pensa, lembrando Isaías: "Iahweh fez cair sobre Ele os crimes de todos nós. Foi oprimido e imolado, mas não abriu a boca; tal como cordeiro, Ele foi levado para o matadouro. Como a ovelha, muda diante do tosquiador, Ele não abriu a boca (...). Pelas amarguras suportadas (...), o meu servo justo devolverá a muitos a verdadeira justiça, pois carregou o crime deles (...). Porque entregou seu pescoço à morte e foi contado entre os pecadores. Ele carregou os pecados de muitos e intercedeu pelos pecadores."

As pessoas se precipitavam e Jesus deixou que lhe passassem à frente.

Chegada a sua vez, Jesus simplesmente inclinou a cabeça, mas João protestou: "Eu é que tenho necessidade de ser batizado por ti e tu vens a mim." Jesus: "João, assim deve ser, como estava previsto e para que se faça justiça."

Batizado, Jesus começou a orar. Nesse momento, o céu se abriu e o Espírito Santo desceu sobre ele como uma pomba e permaneceu, enquanto se ouvia uma voz:

"Tu és o meu filho. Eu hoje te gerei."

Concluída a oração, Jesus olhou de frente para João Batista e fez um gesto com a mão, significando: "Vem."

João ainda batizou, rapidamente, algumas pessoas, e em seguida se encaminhou para a vereda que Jesus tomara.

Ao partir, falou a todos: "Eu vi e dou testemunho: Ele é o eleito de Deus." E partiu pensando: "Eu o conhecia (como primo) e não o conhecia (como Messias)."

O encontro: Jesus e Yokanaan

Um pouco adiante, Jesus o esperava.

João fez sinal de ajoelhar-se, mas Jesus o segurou pelos ombros, abraçou-o e beijaram-se.

Depois, sentaram-se, para conversar.

João: "Não nos víamos desde que éramos crianças." E lembrou: "Pelo que falou minha mãe, nós nos conhecemos no ventre materno." E recordou a Visitação, falando que Isabel, movida pelo Espírito Santo, havia dito ter Maria a benção de Deus e o filho que levava no ventre também. Maria respondera com um Canto de Gratidão e amor a Deus. Mas o canto de Zacarias só acontecera após a circuncisão do filho, pois até então estava mudo.

Jesus acenou com a cabeça.

E João fez a pergunta que toda a família se fazia: "Quando nasceste, em Belém, os Magos do oriente disseram que tinham vindo visitar o Rei dos Judeus. Rei como?"

Jesus: "Já aguardava essa indagação."

Continuou: "Não serei um rei como Herodes, não vou morar em palácio algum, nem comandar exércitos. Nem meu Pai me enviou ao mundo para resolver um problema político do povo judeu, libertando-o do jugo romano."

Ainda: "Procurarei ser claro. O Reino que vim estabelecer, e estabelecer para todos os povos, é o Reino de Deus no mundo. O Reino de Deus começa na terra e continua no céu, para todos que aceitam sua filiação a Deus. Para todos os justos, para todos os santos."

João Batista fitou o Filho de Deus bem nos olhos, longamente. E disse: "Então, entendi bem o que falou aquele que me chamou do deserto para batizar às margens do Jordão."

Jesus pensou um instante e falou: "Tinha uma razão especial para chamar-te até aqui."

Em seguida: "João, que achaste dos essênios?"

João: "São realmente piedosos, mas vivem distantes do litoral, para não serem perturbados. Não formam famílias. Quem os procura é por desgosto da vida. Não recebem nenhum chamado para transmitir algo às outras pessoas. Sou diferente."

Pausa.

Jesus: "E a Comunidade de Qumrã? Achas que eles são essênios?"

Resposta: "Tenho dúvidas. Dizia-se que são monges, vindos de um mosteiro próximo. Mas quando estive lá percebi que a preocupação deles é com a pureza ritual.

Eles se dividem em classes, conforme o grau de pureza ritual. Só comem em grupo."

Acrescentou: "O batismo deles é diferente do meu. O batismo, lá, é um rito de purificação. O meu batismo, como sabes, é a aceitação da Boa-Nova."

Jesus: "João, podes voltar para as margens do Jordão. Eu vou em outra direção. Vou agora para o deserto."

Abraçaram-se novamente, mas João ainda fez uma genuflexão.

Cada um, em seguida, seguiu seu rumo. Seu destino.

Yokanaan e Herodes

Herodes Ântipas, tetrarca da Galileia e da Pereia, filho de Herodes o Grande, seduziu Herodíades, mulher de seu irmão Herodes Felipe. Tornaram-se amantes.

Herodíades, filha de Aristóbulo, também filho de Herodes, o Grande, era, pois, sobrinha de seu próprio marido e também de seu amante. Mas preferiu o amante, Herodes Ântipas, com quem foi morar. Espírito de família.

E ninguém fazia escândalo por isso.

Herodes Ântipas ouviu falar muito de João Batista, que se tornara famoso. Diziam: "João Batista foi ressuscitado dos mortos, e por isso os poderes operam através dele."

Já outros diziam: "É Elias." Outros, ainda: "É um profeta, como os outros profetas."

Herodes Ântipas sabia melhor: havia mandado encarcerar João Batista em Maqueronte, por causa de Herodíades.

João lhe havia dito: "Não te é lícito possuir a mulher de teu irmão."

Flávio Josefo esclarece: Maqueronte, construída por Herodes, o Grande, ao mesmo tempo cidadela (fortaleza) e palácio, era situada "no alto de uma colina, a leste do Mar Morto."

"Cercando um terreno bastante considerável entre muralhas e torres, ele (Herodes) edificou uma verdadeira cidade." "Construiu no meio do recinto um palácio notável pela grandeza e beleza dos aposentos..."

A verdade é que Herodes, de um lado, temia João Batista. E, de outro, era fascinado por ele. Às vezes, ia visitá-lo no cárcere e não sabia o que fazer, pois receava deixá-lo solto, na certeza de que o Batista iria continuar suas denúncias, inclusive contra ele e Herodíades.

Em Maqueronte, João Batista sabia que sua missão como Precursor estava encerrada. Voltou, por isso, à vida de meditação, como antes de começar a pregação no deserto, e depois no Jordão.

Agora, meditava também sobre a Missão de Jesus. Que caminhos iria seguir, que destino iria ter, como Messias, e não como rei nascido para combater os romanos e fazer guerras.

Ser Messias era mais perigoso. Aconteceu, então, que para comemorar seu aniversário Herodes resolveu oferecer um banquete. E, para isso, escolheu o Palácio de Maqueronte.

No dia, estavam à mesa todas as altas personalidades da Galileia. Herodes presidindo, com Herodíades ao lado.

Avançada a noite, Herodíades voltou-se para o Tetrarca e falou: "Tenho uma surpresa para você."

"Surpresa?"

Nesse momento entrou Salomé, filha de Herodíades, e começou a dançar. O espetáculo da jovem e bela Salomé, dançando como nunca vira, levou Herodes a prometer, num impulso: "Pede-me o que quiseres, e o darei, nem que seja a metade de meu reino."

Fizera-se silêncio completo. Assim, diante de todos os poderosos da Galileia, foi feito o pedido: "Dá-me a cabeça de João Batista numa bandeja." A filha atendia ao pedido da mãe.

Para Herodes, um choque. Passou-lhe pela mente a ideia: "*Eu passar para a história como aquele que decapitou João Batista?*"

Era tarde para recuar.

Deu, então, a ordem.

Pouco depois, pode apresentar a Salomé a cabeça de João Batista numa bandeja.

Herodíades teve, assim, a sua vingança.

Ironicamente, seria na Fortaleza/Palácio de Maqueronte que Herodes iria sofrer sua mais cruenta derrota e a destruição de seu exército pelos nabateus. E numa guerra suscitada pelo seu casamento com Herodíades, mulher de seu irmão.

E em Maqueronte, cuja fortaleza foi arrazada pelos romanos, sem que o resto da cidade fosse destruído, veio a florescer o Cristianismo, com várias igrejas sendo ali construídas, tempos depois.

Depois da morte

Cristo, sabendo que, após a prisão, João Batista estava virtualmente morto, resolveu prestar-lhe homenagem:

"O que vocês foram ver no deserto?
Um caniço agitado pelo vento? O que
Vocês foram ver? Um homem vestido com
Roupas finas? Ora, os que se vestem
Com roupas preciosas e vivem
No luxo estão nos Palácios dos Reis.
Então, o que
É que vocês foram ver? Um profeta?
Eu lhes garanto que sim: alguém que
É mais que um profeta. É de João que
A escritura afirma: 'Eis que eu envio
O meu mensageiro à tua frente. Ele
Vai preparar teu caminho diante de
Ti.' Eu digo a vocês, entre os nascidos
De mulher, ninguém é maior do

Que João. No entanto, o menor no Reino
De Deus é maior que ele."

Possível interpretação — o menor e o maior. João é maior
entre os homens. Mas sabia: "Eu não sou o Messias." E:
"É preciso que ele cresça e eu diminua."

O Messias (Jesus) estava na obscuridade, era o menor. Mas foi crescendo, com a bênção do Precursor. E, mais ainda, a benção do Pai. E tornou-se o maior.

Em outra oportunidade, Cristo falou aos chefes dos sacerdotes e anciãos do povo: "Pois eu garanto a vocês: os cobradores de impostos e as prostitutas vão entrar antes de vocês no Reino do Céu. Porque João veio até vocês para mostrar o caminho da justiça, e vocês não acreditaram nele. Os cobradores de impostos e as prostitutas acreditaram. Vocês, porém, mesmo vendo isso, não se arrependeram para acreditar nele."

Paulo de Tarso percebeu que João Batista chegou antes dele aos gentios, em diferentes lugares. E seus discípulos, sem haver conhecido Jesus Cristo, aderiram ao Cristianismo.

Destacam-se, entre eles, Apolo, nascido em Alexandria, e um dos principais pregadores dos primeiros tempos cristãos. Conhecia os Evangelhos e pregou, por exemplo, em Éfeso e Corinto.

Em Éfeso, Paulo encontrou, depois da passagem de Apolo, outros discípulos de João Batista.

Em todos os casos, haviam recebido o batismo de João, o Precursor.

Mais — João Batista e o Corão (Qu'ran): no Corão, o Precursor aparece como Profeta, ao lado de Jesus e de Maomé.

Há um longo texto no Qu'ran sobre a família de João.

Por isso, cristãos e mulçumanos lhe prestam homenagem, ainda hoje, na Mesquita em Damasco.

A *tragédia do Batista**

"Yokanaan é a tragédia da esperança baldada, da confiança na invencível fraqueza humana e no poder de persuasão da vontade. É a pureza intratável que o mundo não permite que viva. Mas não importa que seja assim."

"Tudo acontece como se nada disso existisse. Não é possível esperar, mas não há outro meio senão esperar. Não é possível dizer a verdade aos homens, mas não é possível deixar de dizê-la. Não é possível se recusar ao desejo, mas é preciso ousar a recusa."

"Yokanaan realiza no seu sangue e na sua vida todas essas impossibilidades, e por isso morre. Por isso também não há sobre a terra, 'nascido de mulher', homem maior que Yokanaan — segundo a palavra de Jesus — e dela não duvidaremos, porque dela não podemos duvidar."

---

* "Três tragédias à sombra da cruz".

O TENTADOR E O INOCENTE

O *Espírito e o deserto*

O Espírito O impeliu para o deserto, saindo do local em que fora batizado (Kasr-El-Yadû, "Castelo dos Judeus", segundo a denominação árabe).

Percorreu a planície de oito quilômetros de largura que separa o Jordão dos contrafortes do deserto de Judá.

O deserto, na área a que chegou, é uma região cheia de "rochas nuas, ravinas profundas e numerosas grutas". "Jesus está ali com as feras" — chacais, raposas, hienas, águias, outros animais de rapina.

O Inocente foi para permanecer quarenta dias e quarenta noites, afastado da família, dos homens, de tudo que não fosse a natureza selvagem e seus habitantes. Também selvagens.

Dias e noites, em jejum, oração e meditação. Alimentação: mel e gafanhotos, difíceis de achar.

Diálogos com o deserto

Principalmente nos fins de tarde, Jesus Cristo gostava de sentar-se na saída da gruta, quase à beira de uma ravina, e observar o deserto, suas formas cambiantes, as caravanas que passavam ao longe, à procura do Jordão, ou de algum oásis. Ou de vilas, cidades.

E raciocinava: o deserto não pede milagres, não precisa de salvação. Agride, às vezes. Já vi, muitas vezes, tempestades de areia: as pessoas desaparecem, protegidas com seus mantos, e, mais tarde, ressuscitam, com seus camelos e pertences, e seguem caminho, procurando abrigo para a noite.

Fez amigos, mas nenhum deles gostava de mel e gafanhotos. Alimentavam-se uns dos outros. Conversavam, principalmente depois que começava a escurecer. Uma raposa lhe contava histórias de como era a vida no deserto. "Gosto daqui", dizia. "Mas tenho de ter cuidado, porque meus amigos geralmente são mais fortes e, às vezes, com muita fome, puxam conversa só para me apanhar desprevenida. A gente se acostuma."

Ainda: "O pior são os homens, que vêm sempre armados. E querem sempre matar, estejam com fome ou não."

Jesus: "Você precisa conhecê-los melhor. Precisa aprender a conquistá-los. Eles gostam de conversar, mas primeiro querem conhecer com quem estão lidando. Gostam de dançar. Você já experimentou dançar para eles, à distância, até que resolvam por de lado a desconfiança e o medo?"

A raposa, entretanto, não pareceu muito convencida. E foi-se afastando.

Jesus voltou a olhar para o deserto amigo. Selvagem, mas amigo. Mais confiável que os homens, embora não tenha o poder de sedução deles.

Também gosto daqui. Por uns tempos.

Quando o crepúsculo chegava, com seu encanto e tranquilidade, uma vez chegou a pensar: "É doce morrer no deserto. Nas areias ondulantes do deserto. Cambiantes."

E: "É preciso ensinar o deserto a amar. E seus habitantes também. Com os riscos que isso traz."

"Está muito frio, agora. Vou para a gruta, acender um fogo."

Diálogos com o Pai

Sentado diante do fogo, ouviu uma voz:
"Filho, estás preparado?"
Silêncio.
Jesus:
"Sim, Pai, mas ainda tenho dúvidas. Sei que, dentro de Teu plano, encerrada a Missão, tenho que morrer, de morte violenta. Mas tem de ser na cruz? É ignominioso."

"Já falamos sobre isso. Tu entendes, não?"

"Entendo, mas às vezes não aceito. Tenho de acostumar-me à ideia, para que realmente minha morte seja um sinal de discórdia. Os que entendem e os que não entendem."

Mudou de assunto: "Outra dúvida, Pai. Por que é que os homens precisam de sinais, para acreditar?"

"Eles são carentes. Afinal, são homens. Mas depende de Ti. Faze como achares melhor. Desconfio que não vais resistir a certos pedidos. É humano, simplesmente humano, da parte deles e da Tua."

"Vou limitar os milagres a um mínimo. Quero ser aceito, como Filho, pelo que sou."

Desta vez foi a voz do alto que indagou:

"E Maria, tua mãe, achas que acertei ao escolhê-la? Afinal, na Galileia, e na Judeia ou na Samaria, havia milhares de outras virgens que poderia ter escolhido."

"Ela é única. Eu a amo, e as gerações irão amá-la, como a Virgem-Mãe que aceitou e se disse Serva do Senhor."

"Noto uma reticência."

"Não é reticência, Pai. São duas coisas que já percebi."

Jesus parou um instante. E depois: "A primeira coisa é que acredito já ser ela a minha primeira discípula. Antes de começar a Missão, já tenho uma discípula."

"É verdade."

"A segunda coisa: desconfio que ela gosta de interceder pelos outros. Nas coisas mais diversas, em nossa vida. Na família e em Nazaré, está sempre, sem dar na vista, pedindo pelos outros."

E o fim do diálogo: "Creio que vais ter um visitante."

O *Tentador e o Inocente*

A sós, em frente ao fogo, Jesus Cristo pensou: "É, ele não iria perder essa oportunidade. Céus, estou morrendo de fome."

Mal percebeu isso e já notou que, logo após a saída da gruta, havia uma sarça. Que, de verde, foi ficando seca, e passou a ser uma sarça ardente.

No meio dela, foi-se corporificando a figura do Tentador. Que olhou para o Inocente, e, mefistofelicamente, falou: "Se és o Filho de Deus, manda que estas pedras se transformem em pães."

Jesus Cristo:

"Está escrito: "Nem só de pão vive o homem,

Mas de toda palavra que sai da boca de Deus."

E racionou: "Vou ter de continuar comendo meus gafanhotos com mel. João viveu assim muito tempo, por que não eu?" Só que achar mel e gafanhotos àquela hora da noite, e com o frio lá fora, não será fácil. Vou ter de bancar raposa, e ser ardiloso."

Mas não teve tempo de tomar qualquer iniciativa. O Tentador o transportou a Jerusalém, bem no alto do templo. E, com muita simplicidade, falou: "Se és o Filho de Deus, atira-te para baixo, porque está escrito:

'Ele dará ordem a seus anjos a teu respeito,

E eles te tomarão pelas mãos,

Para que não tropeces em nenhuma pedra.'"

O Inocente, meio maliciosamente, retrucou:

"Também está escrito: 'Não tentarás ao Senhor Teu Deus.'"

E percebeu que o anjo caído experimentou uma perturbação. Algo sensível fora atingido, naquele que havia tentado desafiar o Senhor.

"Ele agora vai tentar algo desesperado."

Em seguida, o Tentador o levou para o alto de um monte, bem elevado, de onde se descortinavam todos os reinos do mundo, com o seu esplendor.

E disse ao Inocente: "Tudo isto te darei, se, prostrado, me adorares."

Jesus, prontamente:

"Vai-te, anjo mal, porque está escrito:

'Ao Senhor, Teu Deus, adorarás

E só a ele prestarás culto.'"

Sem resposta, o Tentador foi perdendo a forma, a sarça ardente reapareceu, ficou seca, enverdeceu.

Os anjos do Senhor apareceram, e puseram-se a servir Jesus. Depois o levaram de volta ao deserto.

Jesus Cristo adormeceu. O Tentador havia tido a sua oportunidade, no momento em que o Inocente estava mais vulnerável. Mesmo Jesus, pois era também o "Filho do homem".

Finda a temporada de quarenta dias e quarenta noites, encaminhou-se na direção da Galileia, dizendo a si mesmo: "É hora de ir para o mundo. Começar a Missão. Os homens precisam de Deus."

AS BODAS DE CANÁ

Os primeiros discípulos

Pouco depois do batismo de Jesus, João Batista o viu passar e falou a dois discípulos: "Eis o Cordeiro de Deus, que tira os pecados do mundo."

Os dois discípulos, André, irmão de Simão Pedro, e João (o futuro Evangelista) tomaram as palavras do Batista como um estímulo a seguirem Jesus. Começava a acontecer o que previra o Precursor: "É preciso que ele cresça para que eu comece a diminuir."

Notando que os discípulos do Batista o seguiam, Jesus falou-lhes: "Que procurais?"

"Mestre, onde moras?"

"Vinde e vede."

No dia seguinte, André foi procurar Simão Pedro e disse-lhe: "Encontramos o Messias." Foram juntos a Jesus, que já aguardava a visita de Simão Pedro e falou: 'Tu és Simão, filho de Jonas.' E passarás a chamar-te Cefas (Pedra)."

O próximo passo foi a ida para Betsaída, na Galileia, para encontrar Filipe, a quem disse: "Segue-me." Filipe foi procurar Natanael, a quem falou: "Encontramos Aquele de quem escreveram Moisés e os profetas — Jesus de Nazaré."

Natanael: "De Nazaré pode sair algo de bom?" Filipe: "Vem e vê."

Ao ver Natanael vindo em sua direção, Jesus falou: "Eis um israelita realmente fiel a si mesmo."

Natanael: "De onde me conheces?"

Jesus: "Antes que Filipe te chamasse eu te vi debaixo da figueira."

A exclamação de Natanael foi imediata: "Mestre, Tu és o Filho de Deus, o Rei de Israel."

Reflexão: Embora todos os discípulos fossem de origem humilde, nota-se, mesmo assim, o preconceito: *"De Nazaré pode sair algo de bom?"*

As bodas de Caná

Reunido o primeiro grupo de discípulos, Jesus Cristo se encaminhou com eles para Caná, na Galileia, terra de Natanael, a fim de assistir às bodas para que tinham sido convidados.

Era o início de sua Missão.

Maria, que mantinha relações com a família, já lá se achava.

Muito vinho, muita comida.

Entretanto, a uma certa altura, Maria se dirigiu a Jesus: "Eles não têm mais vinho."

Jesus, que devia achar não haver chegado ainda a hora de começar a fazer milagres, falou: "Que quereis de mim, mulher? Minha hora ainda não chegou."

Maria não se perturbou. Falou aos criados: "Fazei tudo que ele vos disser."

Jesus lhes falou: "Tomai aquelas seis talhas de pedra, para a purificação, e enchei-as de água, até a borda." Quando isso foi feito, nova orientação: "Levai agora uma amostra ao mestre-sala."

O mestre-sala provou o vinho das talhas e dirigiu-se ao noivo: "Todo homem serve primeiro o vinho bom, e quando os convidados já estão meio embriagados, passa a servir o inferior. Tu guardaste o bom até agora."

O noivo não percebeu o que tinha acontecido. Dirigiu-se, então, ao grupo em que estavam Jesus, Maria, parentes e discípulos: "Mestre, Maria, que posso dizer?"

"Aproveita a tua festa. E ama tua mulher."

Reflexão: As bodas de Caná consagram Maria como a intercessora. Então e sempre.

E mostram outra coisa: o primeiro milagre de Cristo foi numa festa de bodas.

Ainda: o milagre não é prova de nada. Nem um prêmio. É uma graça livremente concedida por Deus. "O Espírito sopra onde quer."

Missão na Galileia: sermão da Montanha, Madalena (Frineia) e parábolas

O SERMÃO DA MONTANHA — "ENTRE O CÉU E A TERRA"*

Primeiro momento: as Bem-Aventuranças

Multidões numerosas seguiam Jesus Cristo, vindas da Galileia, da Decápole, de Jerusalém, da Judeia e da Região Além do Jordão (Transjordânia)

Vendo Ele as multidões, subiu à Montanha (provavelmente no Norte da Galileia). Ao sentar-se, aproximaram-se dele os discípulos.

E pôs-se a falar, e os ensinava, dizendo:

"Felizes os pobres em espírito,
Porque deles é o Reino dos Céus.
Felizes os mansos,
Porque herdarão a Terra.

---

* Franz Zeilinger, *Entre o Céu e a Terra*, Edições Paulinas, São Paulo. E ainda: Agostinho de Hipona, *Sobre o Sermão da Montanha*, Edições Santo Tomás, Rio de Janeiro.

Felizes os aflitos,
Porque serão consolados.
Felizes os que têm fome e sede de justiça,
Porque serão saciados.
Felizes os misericordiosos,
Porque alcançarão misericórdia.
Felizes os puros de coração,
Porque verão a Deus.
Felizes os que promovem a paz,
Porque serão chamados Filhos de Deus.
Felizes os que são perseguidos
Por causa da justiça
Porque deles é o Reino dos Céus."

A travessia: nova justiça é superior à antiga

Breve pausa. E em seguida, dirigindo-se diretamente aos que O ouvem:

"Felizes sois, quando vos injuriarem e vos perseguirem, e, mentindo, disserem todo o mal contra vós por causa de mim.

Vós sois o sal da terra. Ora, se o sal se tornar insosso, com que salgaremos?

Vós sois a luz do mundo. Não se pode esconder uma cidade situada sobre um monte."

Momento de reflexão. E depois:

Não penseis que vim revogar a Lei ou os Profetas, mas dar-lhes pleno cumprimento, porque em verdade vos digo que, até que passem o Céu e a Terra, não será omitido nem um só i, uma só vírgula, da Lei, sem que tudo seja realizado.

Mas, com efeito, eu vos asseguro que se a vossa justiça não ultrapassar a dos Escribas e a dos Fariseus, não entrareis no Reino dos Céus."

Segundo momento: cristo dialoga com o Decálogo

Dirigindo-se, a partir de então, diretamente aos que o ouviam, Cristo falou:

"Ouvistes que foi dito aos antigos: 'Não matarás: aquele que matar terá de responder no Tribunal. Eu, porém, vos digo: todo aquele que se encolerizar contra seu irmão terá de responder no Tribunal.'

Ouvistes que foi dito: 'não cometerás adultério'. Eu, porém, vos digo: todo aquele que olha para uma mulher com desejo libidinoso já cometeu adultério com ela em seu coração.

Foi dito: 'aquele que repudiar sua mulher, dê-lhe uma carta de divórcio'. Eu, porém, vos digo: todo aquele que repudia sua mulher, a não ser por motivo de 'prostituição', faz com que ela adultere; e aquele que se casa com a repudiada comete adultério.

Ouvistes também que foi dito aos antigos: 'Não perjurarás, mas cumprirás os teus juramentos para com o Senhor.' Eu, porém, vos digo: não jureis em hipótese nenhuma; nem pelo céu, porque é o Trono de Deus, nem pela terra, porque é o escabelo dos Seus pés, nem por Jerusalém, porque é a cidade do Grande Rei. Seja o vosso 'sim', sim, e o vosso 'não', não.

Ouvistes o que foi dito: 'Olho por olho, dente por dente.' Eu, porém, vos digo: não resistais ao homem mau; antes, àquele que te fere na face direita, oferece-lhe também a esquerda. Dá ao que pede e não voltes as costas ao que pede emprestado.

Ouvistes o que foi dito: 'Amarás a teu próximo e odiarás o teu inimigo.' Eu, porém, vos digo: amai os vossos inimigos e orai pelos que vos perseguem. Com efeito, se amais os que vos amam, que recompensa tendes? Não fazem também os publicanos a mesma coisa? Não fazem também os gentios a mesma coisa?"

Complemento: o homem e Deus

Para ressaltar a importância do relacionamento com Deus, falou, em seguida: "Pedi e vos será dado; buscai e achareis. Pois todo o que pede recebe. Quem dentre vós dará uma pedra a seu filho, se este lhe pedir pão?"

E completou, explicando como relacionar-se com Deus: "Nas vossas orações, sede simples, porque o vosso Pai sabe do que tendes necessidade antes de Lho pedirdes. Orai assim:

Pai Nosso, que estais no céu,
Santificado seja o Vosso nome,

Venha a nós o Vosso Reino.
Seja feita a Vossa vontade,
Na terra, como no céu.
O pão nosso de cada dia
Dai-nos hoje.
E perdoai as nossas ofensas,
Assim como perdoamos aos que nos têm ofendido.
E livrai-nos do mal. Amém.
Era necessário, também, colocar Deus acima das coisas materiais.'"

Por isso, a definição:

"Ninguém pode servir a dois senhores. Com efeito, odiará um e amará o outro, ou se apegará ao primeiro e desprezará o segundo. Não podeis servir a Deus e ao dinheiro."

E a importância de confiar em Deus, na sua Providência: "Não vos preocupeis com a vossa vida, no tocante ao que haveis de comer, nem com o vosso corpo, quanto ao que haveis de vestir. Não é a vida mais que a comida e o corpo mais do que a roupa? Olhai as aves do céu: não semeiam nem colhem, nem ajuntam em celeiros. E, no entanto, vosso Pai Celeste as alimenta. Ora, não valeis vós mais que elas?"

Mais: "Observai os lírios do campo, como crescem, e não trabalham nem fiam. E, no entanto, eu vos asseguro que nem Salomão, em toda sua glória, se vestia como um deles. Ora, se Deus veste assim a erva do campo, que existe hoje e amanhã será lançada ao forno, não fará ele muito mais por vós, homens de pouca fé?"

Finalmente: "São os gentios que vivem à procura do que comer e do que vestir. Buscai, em primeiro lugar, o Reino de Deus e sua Justiça, e todas essas coisas virão por acréscimo."

Silêncio completo.

Finale

Olhando bem à volta, e na certeza de que tinha a atenção de todos, Jesus ainda falou duas coisas.

Primeiro: "Não julgueis, para não serdes julgados. Pois com o julgamento com que julgais sereis julgados, e com a medida com que medis sereis medidos. Por que reparas no cisco que está no olho do teu irmão, quando não percebes a trave que está no teu? Hipócrita, tira, primeiro, a trave do teu olho, e então verás bem para tirar o cisco do olho do teu irmão."

A segunda, última coisa, veio pausadamente, e olho no olho, mesmo estando ali enorme multidão:

"Assim , todo aquele que ouve essas minhas palavras e as põe em prática será comparado ao homem sábio que construiu a sua casa sobre a rocha. Caiu a chuva, vieram as enxurradas, sopraram os ventos e deram contra aquela casa, mas ela não caiu. Por outro lado, todo aquele que ouve essas minhas palavras, mas não as pratica, será comparado ao homem insensato que construiu a casa sobre a areia. Caiu a chuva, vieram as enxurradas, sopraram os ventos contra a casa, e ela desmoronou."

"E foi grande a sua ruína."

Aconteceu que, ao terminar essas palavras, as multidões ficaram extasiadas com que dissera Jesus Cristo.

E assim continuam, até hoje.

Reflexão: o mundo mudou

Naquele momento, houve a subversão. Alterava-se a religião existente: o Cristianismo estava emergindo. Cristianismo dos despossuídos.

Por isso, diz Agostinho de Hipona que o Sermão da Montanha é o modelo da vida cristã.

DESCIDA DA MONTANHA, A TEMPESTADE E A FÉ

O *centurião romano, os filhos do Reino e a fé*

Ao descer a montanha, seguiam-nO multidões.

Jesus Cristo dirigiu-se então a Carfanaum. Logo ao chegar, foi procurado por um centurião, que implorou: "Senhor, meu criado está deitado em casa, paralítico, sofrendo dores atrozes."

Jesus: "Eu irei curá-lo."

Mas o centurião reagiu: "Senhor, não sou digno de receber-Te sob o meu teto. Basta que digas uma só palavra e meu criado ficará são. Com efeito, também eu estou debaixo de ordens e tenho soldados sob o meu comando. E quando digo a um 'Vai', ele vai; e a outro 'Vem', ele vem. E quando digo a meu servo: 'Faze isso', ele o faz."

Ouvindo isso, Jesus manifestou sua admiração aos que o seguiam: "Em verdade vos digo que, em Israel, não achei ninguém que tivesse essa fé. Mas eu vos digo que virão muitos do Oriente e do Ocidente e se assenta-rão à mesa, no Reino dos Céus, com Abraão, Isaac e Jacó. Enquanto isso, os filhos do Reino serão postos para fora, nas trevas, onde haverá choro e ranger de dentes."

Em seguida, voltou-se para o centurião: "Vai, como creste, assim seja feito."

Naquela mesma hora, o servo ficou são.

Reflexão: de um lado, a fé de um centurião em Jesus Cristo — maior que a do povo de Israel, em geral. Ainda hoje, parafraseando as palavras do centurião, dizemos, na missa dominical: "Senhor, eu não sou digno (ou digna) de que entreis em minha casa, mas dizei uma só palavra e serei salvo (ou salva)."

E Cristo não mede palavras para mostrar a diferença e suas consequências: os que vêm do Oriente ou do Ocidente, ou seja, até os detestados legionários romanos, personificação do opressor, "se assentarão à mesa no Reino dos Céus", na companhia de Abraão, Isaac e Jacó. Diferentemente, aqueles entre os herdeiros do povo eleito, os judeus, "filhos do Reino", se não crerem na Boa-Nova, estarão fora da "Nova e Eterna Aliança".

De outro, o que fica implícito, de saída: a mensagem de Cristo (o Cristianismo) é universal. Dirige-se a todos os homens e mulheres.

A judeus (inclusive os da Diáspora) e aos gentios, de todas as procedências. Repetindo: do Oriente e do Ocidente.

Os primeiros tempos da Era Cristã assistiram, como veremos, a uma controvérsia que a pregação de Jesus Cristo, de saída, esvaziara. O Cristianismo é universal. Universal.

A tempestade e a fé

Logo em seguida, disse aos discípulos que tomassem um barco e o aguardassem na outra margem, até que ele despedisse as multidões e subisse ao monte, para orar a sós.

Ao chegar a tarde, estava ali, sozinho. O barco, porém, já estava a uma distância de muitos estádios da terra, agitado pelas ondas.

O vento era muito forte e contrário, verdadeira tempestade.

Na quarta vigília da noite, Jesus dirigiu-se a eles, caminhando sobre o mar. Os discípulos, vendo que caminhava sobre o mar, ficaram atemorizados e diziam: "É um fantasma." E gritavam de medo.

Jesus, porém, lhes disse logo: "Tende confiança, sou Eu, não tenhais medo."

Pedro, interpelando-o, falou: "Senhor, se és Tu, manda que eu vá ao Teu encontro sobre as águas."

Jesus respondeu: "Vem."

Descendo do barco, Pedro caminhou sobre as águas e foi ao encontro de Jesus. Mas, sentindo o vento, ficou com medo. E, começando a afundar, gritou: "Senhor, salva-me."

MEMORIAL DA VIRGEM

Jesus estendeu a mão prontamente e o segurou, repreendendo-o: "Homem fraco na fé, por que duvidaste?"

Assim que subiram ao barco, o vento amainou. Os que estavam no barco prostraram-se diante dele, dizendo: "Verdadeiramente, Tu és o Filho de Deus."

MARIA MADALENA E JESUS CRISTO*

Maria Madalena e Frineia

As principais famílias saduceias, especialmente as vinculadas à Diáspora, eram muito ligadas à cultura grega.

Como parte de uma dessas famílias, procedente de Magdala, Maria Madalena foi educada "à grega" — a grande influência que recebeu foi da cultura helenista. Jovem e bonita, "vivia envolta em música e rodeada por jovens esnobes perfumados, aprendia dança com um professor vindo de Éfeso ou Elêusis".

Sua leitura constante era o discurso de Diótima, no Banquete (Platão), "sobre o amor livre como o melhor meio de ascender à sabedoria". E sua paixão mitológica era Frineia, a Cortesã, contemporânea de Alexandre, o Grande.

---

* Baseado em *Maria Madalena*, de R. L. Bruckberger, e nos quatro Evangelhos.

MEMORIAL DA VIRGEM

"Os gregos emprestavam à beleza do corpo o caráter de uma revelação religiosa, ao passo que nós a identificamos sobretudo com a obsessão sexual. Eis por que nos é tão difícil captar o sentido daquela cena em Elêusis, durante as festas em honra ao Deus Posêidon.

Em presença de todo o povo, transportado de entusiasmo, Frineia despojou-se das vestes, soltou os cabelos, e avançou, nua, de mãos estendidas, para o mar.

Não havia nisso sombra de indecência. Frineia estava no seu papel de profetisa do Deus do Mar. A visão de sua beleza permitia a todos a comunhão com a divindade."

"Assim, nua, não a incomodava o olhar do próprio Deus."

Diótima — que poderá ter sido a própria Frineia —, ao propor uma teoria do amor livre, queria realizar uma "etapa necessária para alcançar a beleza intemporal e divina, finalidade suprema do sábio. Nesse sentido é que Frineia era cortesã e se orgulhava de sê-lo. Era cortesã para iniciar-se e iniciar os outros na sabedoria."

Frineia era, pois, o modelo de Maria Madalena.

Por outro lado, Madalena se inspirava também em certos modelos da crônica de seu povo: Judite, que servira Holofernes, para matá-lo, como inimigo de Israel; e, sobretudo, Ester, introduzida pelo tio no harém de Assuero, para tornar-se sua favorita e, assim, poder proteger seu povo.

Maria Madalena, desta forma, aprendia com os gregos que a beleza do corpo era um meio de ascender à sabedoria. E com a crônica de Israel que constituía também um poderoso instrumento de domínio.

Mas, após frequentar a dissoluta corte de Herodes, chegou o dia em que se viu possuída por sete anjos da noite. Correu riscos, e terminou alimentando seus próprios demônios.

Madalena — da corte de Herodes aos anjos negros

Magdala fica a uns seis quilômetros de Tiberíades, local da corte de Herodes.

Era, pois, quase inevitável que Maria Madalena, a Frineia de família saduceia, viesse a tornar-se frequentadora assídua da corte. Há uma tradição segundo a qual Maria Madalena teria feito amizade com Herodíades e com Salomé, sua filha.

Como pano de fundo, deve considerar-se que a primeira mulher de Herodes, por ele repudiada vergonhosamente, era filha de Aretas, Rei de Petras, capital de um reino que chegava até próximo do Mar Morto. O Rei Aretas estava mobilizando um exército maior para exercer a vingança contra Herodes.*

Enquanto isso, a pregação de João Batista se voltava contra Herodes, censurando-o publicamente pelo casamento com a mulher de seu irmão, Herodíades.

---

* Coisa que veio a acontecer, pouco antes da morte de Tibério.

Vendo a crescente popularidade do Batista, e temendo, ao mesmo tempo, um ataque pelo Rei Aretas, Herodes, como dito, manda prender o profeta que batizava às margens do Jordão.

Assim é que, no aniversário de Herodes, vamos encontrar no seu Palácio/Fortaleza, ao mesmo tempo, Herodes, Herodíades, Salomé, Maria Madalena e — João Batista.

João Batista, que o Tetrarca visitava com certa frequência, e de quem gostava. Mas que era odiado por Herodíades.

O final da história já foi contado de diversas formas: Herodes, fascinado pela dança de Salomé, faz-lhe a promessa, de público, de dar-lhe de presente o que pedisse — mesmo que fosse a metade de seu reino.

Por isso, manda atender ao pedido de Salomé — orientada pela mãe —, e pouco depois é trazida a Salomé, numa bandeja de ouro, a cabeça de João Batista.

A tragédia não termina aí.

Maria Madalena deixa a corte: a visão da cabeça ensanguentada do profeta não lhe saía da mente.

Sozinha com seus sete anjos negros, na sua casa em Magdala, fica ela rolando na cama. E pensando. Pensando principalmente em certas coisas ditas pelo profeta: "O machado já está na raiz das árvores. E toda árvore que não der bom fruto será cortada e atirada ao fogo."

Alguma esperança?

Talvez.

O Batista, segundo soube, falara de Alguém que viria, Alguém de quem não era digno de desatar o cordão das sandálias. E, mais tarde, vendo alguém passar, dissera: "Eis o cordeiro de Deus, que tira os pecados do mundo."

Como falar com esse Alguém, esse Outro? Estou percebendo que minha vida, até aqui, não foi de amor. Foi de escravidão.

Talvez Joana, mulher de Chusa, o Intendente do Palácio, saiba como encontrar o Outro — ela frequentemente ia ouvir o profeta.

Cristo e Frineia

Chusa conversou com Maria Madalena sobre o Cristo. E indagou: posso dizer que você se arrepende da vida que tem levado? Ante a aquiescência de Madalena, Chusa procurou aquele que considerava o Messias, e Jesus respondeu: "Sei de quem você fala. Pode dizer-lhe que está livre dos seus sete anjos negros."

Algum tempo depois, em Betânia, próximo a Jerusalém,* Jesus Cristo foi jantar em casa de Simão, o Fariseu.

A certa altura, aproximou-se dele uma mulher, trazendo um frasco de alabastro com perfume de nardo puro, caríssimo. Quebrando o frasco, derramou-o sobre a cabeça dele.

---

* E onde a família de Maria Madalena tinha uma casa.

Ficando por trás de Jesus, chorava. E com as lágrimas começou a banhar-lhe os pés, enxugando-os com seus cabelos e cobrindo-os de beijos.

Diante disso, Simão começou a refletir: "Se este homem fosse realmente um Profeta, saberia que essa mulher que o toca, que o beija, é uma pecadora."

E outros se indignavam: "Para que esse desperdício de perfume? Esse frasco poderia ser vendido e o dinheiro, muito, distribuído aos pobres."

Jesus voltou-se para o anfitrião e lhe falou: "Simão, tenho uma coisa a dizer-te."

"Fala, Mestre."

Jesus: "Um credor tinha dois devedores. Um que lhe devia quinhentos denários e o outro cinquenta. Como não tivessem como pagar a dívida, perdoou a ambos. Qual dos dois o amará mais?"

"Suponho que aquele a quem mais perdoou."

Jesus: "Julgaste bem."

E voltado-se para a mulher, disse a Simão: "Vês esta mulher? Entrei em tua casa e não me derramaste água nos pés, como é costume. Ela, ao contrário, regou-me os pés com lágrimas e enxugou-os com os cabelos. Não me deste um ósculo. Ela, porém, desde que entrou, não parou de cobrir-me os pés de beijos. Não me derramaste óleo na cabeça. Ela, ao invés, ungiu-me a cabeça com perfume."

Depois, encarou os que tinham reclamado de desperdício, intimamente: "Deixai-a, porque a aborreceis? Ela preferiu uma boa ação para comigo. Na verdade, sempre tereis os pobres convosco, e, quando quiserdes, podereis fazer-lhes o bem, mas a mim nem sempre me tereis."

Voltando a dirigir-se a Simão: "Eu te digo, seus numerosos pecados lhe são perdoados, porque ela demonstrou muito amor. Mas aquele a quem pouco foi perdoado mostra pouco amor."

Em seguida, disse à mulher: "Teus pecados te são perdoados."

Logo, Simão e os convivas começaram a refletir: "Quem é este, que até perdoa pecados?"

Cristo à mulher: "Tua fé te salvou, vai em paz." E baixo, muito baixinho, de tal modo que só ela o ouviu: "Madalena".

Reflexão: Cristo se encarnou, fez-se homem, desceu dos céus, não para os justos, mas para os pecadores.

Ainda: colocando-se na fonte de toda sabedoria, põe-se no centro da vida religiosa dos homens, constituindo uma religião do amor. Assim, a mais alta sabedoria será uma sabedoria do amor.

"...A originalidade da religião do Cristo consiste em ser a religião do amor, por isso é por excelência a Boa-Nova, a salvação acessível a todos." "Só se é cristão na medida em que se ama."

Ainda Betânia: Lázaro doente

Das amizades que Jesus teve, uma das mais importantes foi com Lázaro e suas irmãs Maria (Madalena) e

Marta. Geralmente os encontros eram em Betânia, na casa dos três irmãos.

Acontece que Lázaro ficou doente. As duas irmãs mandaram dizer a Jesus: "Senhor, aquele que amas está doente."

A essa notícia, Jesus falou: "Essa doença não é mortal." E ainda permaneceu dois dias no lugar onde estava, embora de vez em quando fizesse referência a seu amor por Lázaro, Maria e Marta.

Chegado o momento por que esperava, disse aos discípulos: "Vamos outras vez à Judeia."

Discípulos: "Rabi, há pouco os judeus procuravam apedrejar-Te, e vais outra vez para lá?"

Jesus:

"Não são doze as horas do dia?

Se alguém caminha durante o dia, não tropeça,

Porque vê a luz deste mundo;

Mas se alguém caminha à noite, tropeça,

Porque a luz não está nele."

E acrescentou: "Nosso amigo Lázaro dorme, mas vou despertá-lo." Ao ver que o tomavam literalmente, falou: "Lázaro morreu. Por vossa causa, alegro-me de não ter estado lá, para que creiais. Vamos todos para junto dele."

Ao chegar, Jesus encontrou Lázaro já sepultado havia quatro dias. Quando Marta soube que Jesus estava chegando, foi ao seu encontro. Maria, porém, continuava sentada, em casa.

Então, disse Marta a Jesus: "Senhor, se estivesses aqui, meu irmão não teria morrido. Mas sei que tudo que pedires a Deus, Ele Te concederá."

Jesus: "Teu irmão ressuscitará."

"Sei, disse Marta, no último dia."

Disse-lhe Jesus:

"Eu sou a ressurreição.

Quem crê em mim, ainda que morra, viverá.

E quem vive e crê em mim

Jamais morrerá.

Crês nisso?"

Disse ela: "Sim, Senhor, eu creio que Tu és o Cristo, o Filho de Deus, que veio a este mundo."

E afastou-se para chamar Maria: "O Mestre está aí e te chama."

Jesus havia permanecido no local em que Marta fora encontrá-lo, ainda fora de Betânia.

Chegando ao lugar em que Jesus estava, Maria prostrou-se a seus pés e lhe disse: "Senhor, se estivesses aqui, meu irmão não teria morrido."

Quando a viu chorar, e também os judeus que a acompanhavam, comoveu-se e ficou conturbado. E perguntou: "Onde o colocaram?" Responderam-lhe: "Senhor, vem e vê."

Jesus chorou.

Mas alguns dos judeus disseram: "Esse, que abriu os olhos do cego, não poderia ter feito com que Lázaro não morresse?"

MEMORIAL DA VIRGEM

Cada vez mais comovido, Jesus dirigiu-se ao sepulcro. Era uma gruta, com uma pedra sobreposta.

Disse Jesus: "Removei a pedra."

Marta, instintivamente: "Senhor, já cheira mal, é o quarto dia."

Mas Jesus: "Não te disse que, se creres, verás a glória de Deus?"

Retiraram, então, a pedra.

Jesus ergueu os olhos para o alto, e disse:

"Pai, dou-Te graças porque me ouviste.
Eu sabia que sempre me ouves,
Mas digo isso por causa da multidão que me rodeia,
Para que creiam que me enviaste."

Dito isso, gritou em alta voz: "Lázaro, vem para fora."

O morto saiu, com os pés e mãos enfaixados, e com o rosto recoberto por um sudário.

Jesus lhes disse: "Desatai-o e deixai-o ir."

Reflexão: Por que quis Jesus ouvir Marta e Maria Madalena separadamente? Talvez porque, amando-as, quisesse testá-las em sua fé. E as duas, ao vê-lO, reagiram com as mesmas palavras: "Senhor, se estivesses aqui, meu irmão não teria morrido." Marta, como sempre mais ativista, saiu apressada para chamar Maria. Maria, mais emotiva, prostrou-se aos pés do Mestre amado, para chorar a dor da morte do irmão (tal como já havia chorado de arrependimento na casa de Simão, o Fariseu).

Consequências: o abalo causado pela ressurreição de Lázaro, bem próximo a Jerusalém, não poderia deixar de chegar ao conhecimento dos Fariseus e dos chefes dos sacerdotes, que convocaram o Sinédrio.

Na reunião, o tom foi: "Esse homem realiza muitos sinais. E as massas vão ficando cada vez mais impressionadas. Que faremos?

Caifás, sumo sacerdote naquele ano, deu a resposta que, ao final, prevaleceu: "A morte de Jesus."

Betânia, logo antes da Páscoa: Jesus, Maria e Marta

Seis dias antes da Páscoa, e já a caminho de Jerusalém, Jesus foi novamente a Betânia, para um jantar com Lázaro, Marta e Maria.

Maria ficou sentada aos pés do Senhor, escutando-lhe a palavra.

Marta fazia todo o serviço. Até que, parando, falou: "Senhor, a ti não importa que minha irmã me deixe assim sozinha a fazer o serviço? Dize-lhe, pois, que me ajude."

O Senhor, porém, respondeu: "Marta, Marta, tu te inquietas e te agitas por muitas coisas. No entanto, pouca coisa é necessária, até mesmo uma só. Maria, com efeito, escolheu a melhor parte, que não lhe será tirada."

O *amor de Maria Madalena*

É inevitável que a questão se coloque: Maria Madalena estava apaixonada por Jesus Cristo? Seria natural que assim acontecesse.

"Maria Madalena nos oferece o exemplo de uma grande alma num corpo magnífico." Alma que estivera dominada pelo corpo e os desvarios da Corte.

Depois, encontrou o Cristo. "Sua conversão consistia em, tendo enfim achado a sabedoria na pessoa mesma do Cristo, apegar-se a ele acima de todas as coisas." Nele reconheceu a pessoa do Filho de Deus, o Messias.

Por isso, passou a incorporar-se à "companhia feminina de Jesus" — o grupo de mulheres que, ao lado dos doze, o acompanhavam nas suas andanças "por cidades e povoados, pregando e anunciando a Boa-Nova do Reino de Deus": "Maria, chamada Madalena, da qual haviam saído sete demônios, Joana, mulher de Chuza, o Procurador de Herodes, Suzana e várias outras, que o serviam com seus bens."

O REINO DE DEUS ATRAVÉS DE PARÁBOLAS

Jesus aprendeu o ofício de carpinteiro com José, marido de Maria. Mas sua pregação tinha de ser universal, e para todos os tempos. Por isso, frequentemente escolheu como forma de comunicação a parábola, principalmente quando queria falar sobre o Reino de Deus.

Parábola do semeador

Reunindo-se numerosa multidão que de cada cidade vinha até ele, Jesus falou em parábola.

"O semeador saiu a semear sua semente. Ao semeá-la, uma parte da semente caiu ao longo do caminho, foi pisada, e as aves do céu a comeram."

Continuou: "Outra parte caiu sobre a pedra, e, tendo germinado, secou por falta de umidade."

"Outra caiu no meio dos espinhos, e os espinhos, nascendo com ela, abafaram-na."

"Outra parte, finalmente, caiu em terra fértil, germinou e deu fruto ao cêntuplo."

Então, concluiu: "Quem tem ouvidos para ouvir, ouça." Ouvir, todos ouviram, mas muitos se indagavam: "O que devemos entender?"

Jesus explicou: "A semente é a palavra de Deus. Os que estão ao longo do caminho são os que ouvem, mas depois vem o espírito maligno e lhes tira a palavra do coração, para que não creiam e não sejam salvos."

"Os que estão sobre a pedra são os que, ao ouvi-la, acolhem a palavra com alegria, mas não têm raízes, pois creem apenas por um momento e, na hora da tentação, desistem."

"Aquela que caiu nos espinhos são os que ouviram, mas caminhando sob o peso dos cuidados, da riqueza e dos prazeres da vida, ficam sufocados e não chegam à maturidade."

Finalmente: "O que está em terra boa são os que, tendo ouvido a palavra com coração nobre e generoso, conservam-na e produzem fruto pela perseverança."

Reflexão: Realmente, o problema não é ouvir a Palavra de Deus. Mas entre isso e ser um verdadeiro cristão vai uma enorme distância. Parece que tudo trai e nos leva para outros caminhos, outros afazeres, objetivos próprios, busca de outros amores ou, simplesmente, de fogos fátuos. Que logo se desfazem.

A *multiplicação dos pães*

Sabendo das multidões que seguiam a Jesus, e dos sinais feitos por Ele, e pelos doze, sob sua orientação, Herodes voltou a preocupar-se: "A João, eu o mandei decapitar. E este outro parece ser mais capaz de mobilizar que João." E queria vê-lO.

Voltaram os apóstolos e Jesus, a eles reunido, falou à multidão sobre o Reino de Deus.

O dia começava a declinar. Aproximaram-se os doze e disseram-Lhe: "Despede a multidão, para que vão aos povoados e campos vizinhos procurar pousada e alimento."

Havia ali quase cinco mil homens.

Jesus: "Daí-lhes vós mesmos de comer."

Replicaram: "Não temos mais que cinco pães e dois peixes. A não ser que fôssemos comprar alimento para todo esse povo."

Jesus falou aos discípulos: "Fazei-os acomodar-se por grupos de uns cinquenta." Assim fizeram e todos se acomodaram.

Tomando os cinco pães e os dois peixes ele elevou os olhos para o céu, abençoou-os, partiu-os e deu aos discípulos para que os distribuíssem à multidão.

Todos comeram e ficaram saciados, e foi recolhido o que sobrou dos pedaços: doze cestos.

Reflexão (I): Em certo sentido, o milagre da multiplicação dos pães é uma espécie de antecipação do Milagre da Eucaristia — a ideia do alimento que sacia, realmente, e sacia a todos.

Reflexão (II): A multiplicação dos pães, como está em dois Evangelhos (Lucas e João), foi realmente um milagre, uma intervenção divina.

Porque Cristo estava no mundo e podia invocar o Pai. Essa, a mensagem do Livro I do Memorial da Virgem: <u>Os homens precisam de Deus</u>.

No Livro III, a ideia é diferente: Cristo não está vivendo entre nós, Deus não deseja interferir a todo instante na ordem natural das coisas. Diante disso, os "milagres" (com raras exceções) têm de ser realizados por mulheres e homens, através de um atributo divino — a generosidade. No caso, a multiplicação dos pães teria de ser o resultado de uma repartição daquele pouco que houvesse entre os presentes e da ida a algum lugar próximo para comprar mais e dividir.

Parábola da ovelha desgarrada

Jesus indaga da multidão: "Que vos parece? Se um homem possui cem ovelhas e uma delas se extravia, não deixa ele as noventa e nove nos montes, para ir à procura da extraviada?

"Se consegue achá-la, em verdade vos digo, terá mais alegria com ela do que com as noventa e nove que não se extraviaram."

"Assim também, não é da vontade de vosso Pai, que está nos céus, que um destes pequeninos se perca."

É que antes havia dito: "Em verdade vos digo que, se não vos converterdes e se não vos tornardes como as crianças, de modo algum entrareis no Reino dos Céus: aquele, portanto, que se tornar pequenino como essa criança, esse é o maior no Reino dos Céus."

Duas breves reflexões. Primeiro, quando Jesus diz que a criança é o maior no Reino dos Céus, está-se referindo à inocência, que independe da idade.

Segundo, a parábola da ovelha desgarrada parece reportar-se à passagem em que, vendo um homem chamado Mateus, na Coletoria de Impostos, disse-lhe: "Segue-me." E o publicano (cobrador de impostos, hostilizado por todo mundo) simplesmente levantou-se e o seguiu. Para sempre.

O episódio se completa com a fato de que estando Ele à mesa, em casa, vieram muitos publicanos e pecadores e se assentaram com Jesus e seus discípulos.

Os fariseus, vendo isso, perguntaram aos discípulos: "Por que come o vosso Mestre com os publicanos e pecadores?"

Jesus, ouvindo o que diziam, respondeu: "Não são os que têm saúde que precisam de médico, e sim os doentes. Com efeito, eu não vim chamar justos, mas sim pecadores."

MEMORIAL DA VIRGEM

Parábola dos trabalhadores enviados à vinha

Jesus à multidão: "Porque o Reino dos Céus é semelhante ao pai de família que saiu de manhã cedo para contratar trabalhadores para a sua vinha.

"Depois de combinar com os trabalhadores um denário por dia, mandou-os para a vinha.

"Tornando a sair pela hora terceira, viu outros que estavam na praça, desocupados, e disse-lhes: "Ide também vós para a vinha e eu vos darei o que for justo." Eles foram.

"Tornando a sair pela hora sexta, e pela hora nona, fez a mesma coisa. Saindo pela hora undécima, encontrou outros que lá estavam e disse-lhes: "Por que ficais aí o dia inteiro sem trabalhar?" Responderam: "Porque ninguém nos contratou." Jesus: "Ide, também vós, para a vinha."

"Chegada a tarde, disse o dono da vinha ao seu administrador: 'Chama os trabalhadores e paga-lhes o salário, começando pelos últimos até os primeiros.'"

"Vindo os da undécima hora, receberam um denário cada um. E vindo os primeiros, pensaram que receberiam mais. Mas receberam um denário cada um, também eles. Ao receber, murmuravam contra o pai de família, dizendo: 'Estes últimos fizeram uma hora só e tu os igualastes a nós, que suportamos o peso do dia e o calor do sol.' Ele, então, disse a um deles: 'Amigo, não fui injusto contigo. Não combinamos um denário? Toma o que é teu e vai. Eu quero dar a este último o mesmo que a ti. Não tenho direito de fazer o que quero com o que é meu? Ou estás com ciúmes porque sou bom?'"

"A conclusão: 'Eis como os últimos serão os primeiros, e os primeiros serão últimos.'"

Muita coisa a refletir.

Primeiro, temos de entender que a justiça de Deus é misericórdia e generosidade. O importante, para a sabedoria e a justiça divina, é que todos tenham oportunidade. Mesmo os que só aderem aos planos do Senhor na undécima hora.

Se levamos a vida inteira procurando fazer a vontade divina, merecer o Reino dos Céus, não é, para nós, motivo de frustração e ciúme ver como os que sabemos ter levado uma vida sem qualquer dessas preocupações, e até violando tudo que poderia ser considerado o espírito do justo, ter, no último momento, a mesma oportunidade que nós?

Não tendemos a simpatizar com o trabalhador de primeira hora — ou seja, raciocinar: dois pesos e duas medidas?

Outro aspecto básico é a busca incessante, podemos dizer a impertinência de Deus, em querer oferecer-nos oportunidade. O senhor da vinha vai atrás de trabalhadores à primeira hora, à hora terceira, à hora sexta, à hora nona e à undécima hora.

Até parece que os trabalhadores é que são os donos da vinha e o pai de família, o trabalhador à procura de ocupação.

Podemos concluir: que Deus é esse, quase impertinente na sua insistência por levar-nos para o Seu Reino? Só pode ser amor. Muito amor.

Parábola dos dois filhos

Pregação: "Que vos parece? Um homem tinha dois filhos. Dirigindo-se ao primeiro, disse: 'Filho, vai trabalhar hoje na vinha.' Ele respondeu: 'Não quero'; mas depois, apanhado pelo remorso, foi.

Dirigindo-se ao segundo, disse a mesma coisa. Esse respondeu: 'Irei, senhor', mas não foi.

Qual dos dois realizou a vontade do pai?

Responderam-lhe: 'O primeiro.'

Então Jesus lhes disse: 'Em verdade vos digo que os publicanos e as prostitutas vos precederão no Reino dos Céus.

Pois João veio a vós, num caminho de justiça, e não crestes nele. Os publicanos e as prostitutas creram nele. Vós, porém, vendo isso, nem sequer tivestes remorsos para crer nele.'"

Reflexão: Estamos diante de uma situação em que os publicanos e as prostitutas fazem a vontade de Deus e têm precedência para entrar no Reino dos Céus.

Enquanto isso, os "justos" (Fariseus, Escribas, Doutores da Lei, os que dizem cumprir a Lei de Moisés) não fazem a vontade de Deus, embora assim o tenham prometido. Tiveram a oportunidade oferecida pela pregação do Batista, mas não creram nele, provavelmente porque se vestia com pele de carneiro, comia mel e gafanhotos, e parecia um profeta alucinado.

É uma verdadeira subversão da ordem: os "justos" têm que aguardar que os publicanos e as prostitutas os precedam no Reino dos Céus, para ver se sobra lugar para eles, "justos". Que mundo é esse? Que Reino é esse?

Parábora dos talentos

Ainda uma parábola: "Um homem que, viajando para o exterior, chamou seus servos e entregou-lhes seus bens. A cada um de acordo com sua capacidade.

A um deu cinco talentos, a outro dois, a outro um.

E partiu.

Imediatamente, o que recebera cinco talentos saiu a trabalhar com eles e ganhou outros cinco.

Da mesma maneira, o que recebera dois ganhou outros dois.

Mas aquele que recebera um só, tomou-o e foi abrir uma cova no chão. E enterrou o dinheiro do seu senhor.

Depois de muito tempo, o senhor voltou e pôs-se a ajustar contas com os servos.

O primeiro disse: 'Senhor, tu me confiaste cinco talentos. Aqui estão outros cinco que ganhei.' O senhor: 'Muito bem, servo bom e fiel. Sobre o pouco foste fiel, sobre o muito te confiarei. Vem alegrar-te com o teu senhor.' A cena se repetiu com o servo dos dois talentos.

Por fim, chegando o que recebera um talento, disse: 'Senhor, eu sabia que és homem severo, que colhes onde não semeaste e ajuntas onde não espalhaste. Assim, amedrontado, fui enterrar o teu talento no chão. Aqui está o que é teu.'

A isso respondeu-lhe o senhor: 'Servo mau e preguiçoso, se sabias como sou, deverias pelo menos ter depositado o meu dinheiro com os banqueiros, e ao voltar receberia com juros o que é meu. Tirai-lhe o talento que tem e dai-o àquele que tem dez, porque a todo aquele que tem será dado e terá, em abundância, mas daquele que não tem até o que tem lhe será tirado. Quanto ao servo inútil, lançai-o fora, nas trevas. Ali haverá choro e ranger de dentes.'"

Evidentemente, o "homem" da parábola é Deus, e os servos somos nós.

No Reino de Deus, recebemos, antes de tudo, uma demonstração de confiança, pois Deus nos "entregou seus bens" ou seja, dele recebemos todo tipo de bens e graças: bens materiais, talentos intelectuais, talentos espirituais. Mas é importante lembrar: somos servos de Deus e somos servos do seu Reino, ou seja, da humanidade.

Mais adiante, teremos que prestar contas, lembrando um ponto: tais "talentos" nos foram dados de acordo com nossa capacidade — Deus não nos confiou, na vida, uma tarefa acima do que poderíamos fazer.

Então, a questão vai ser: fizemos o que poderíamos fazer, o que tínhamos condições de fazer? Ou desperdiçamos os "talentos" recebidos, pouco ou nada fazendo? Simplesmente ficamos à toa na vida, como diria Chico Buarque?

Momento de alegria: o filho pródigo

Diante da atitude dos Fariseus e Escribas, de criticá-lo porque recebia pecadores e comia com eles, Jesus então contou-lhes ainda esta parábola:

"Um homem tinha dois filhos. O mais jovem disse ao pai: 'Pai, dá-me a parte da herança que me cabe.' E o pai dividiu os bens entre eles. Poucos dias depois, ajuntando todos os seus haveres, o filho mais jovem partiu para uma região longínqua e ali dissipou sua herança numa vida devassa.

E gastou tudo. Sobreveio àquela região uma grande fome e ele começou a passar privações. Foi então empregar-se com um dos homens daquela região, que o mandou para seus campos cuidar dos porcos. Ele queria matar a fome com as bolotas que os porcos comiam, mas ninguém lhas dava. E caindo em si, disse: 'Quantos empregados de meu pai têm pão com fartura, e eu aqui, morrendo de fome! Vou-me embora, procurar meu pai e dizer-lhe: Pai, pequei contra o Céu e contra ti; já não sou digno de ser chamado teu filho. Trata-me como um dos teus empregados.' Partiu, então, e foi ao encontro do pai.

Ele estava ainda ao longe, quando seu pai viu-o, encheu-se de compaixão, correu e lançou-se-lhe ao pescoço, cobrindo-o de beijos. O filho, então, disse-lhe: 'Pai, pequei contra o Céu e contra ti; já não sou digno de ser chamado teu filho'. Mas o pai disse aos seus servos: 'Ide depressa, trazei a melhor túnica e revesti-o com ela, ponde-lhe um anel no dedo e sandálias nos pés. Trazei o novilho cevado e matai-o; comamos e festejemos, pois este meu filho estava morto e tornou a viver; estava perdido e foi reencontrado!' E começaram a festejar.

Seu filho mais velho estava no campo. Quando voltava, já perto de casa ouviu músicas e danças. Chamando um servo, perguntou-lhe o que estava acontecendo. Este lhe disse: 'É teu irmão que voltou e teu pai matou o novilho cevado, porque o recuperou com saúde.' Então ele ficou com muita raiva e não queria entrar. Seu pai saiu para suplicar-lhe. Ele, porém, respondeu a seu pai: 'Há tantos anos que te sirvo, e jamais transgredi um só dos teus mandamentos, e nunca me deste um cabrito para festejar com meus amigos. Contudo, veio esse teu filho, que devorou teus bens com prostitutas, e para ele matas o novilho cevado!'

Mas o pai lhe disse: 'Filho, tu estás sempre comigo, e tudo o que é meu é teu. Mas era preciso que festejássemos e nos alegrássemos, pois esse teu irmão estava morto e tornou a viver; ele estava perdido e foi reencontrado!'."

Momento de reflexão: na "Parábola do Filho Pródigo", evidentemente o Pai é Deus, e os dois filhos somos nós.

Há os que desperdiçam os dons recebidos e os que os preservam.

A parábola, mais uma vez, mostra que a Justiça Divina se manifesta através da Misericórdia. E, por isso, temos que manifestar nossa alegria por ter um Deus que se alegra e nos festeja mesmo quando atuamos como filho pródigo.

Pode-se louvar o filho mais velho, que está junto do Pai e terá reconhecida a sua dedicação e o seu amor. Mas é bom que o filho mais novo, com o seu arrependimento e volta à casa paterna, tenha também sua oportunidade.

Façamos dessa parábola um momento de alegria e felicidade.

Ponto de inflexão: dos territórios gentios aos anúncios da Paixão

PONTO DE INFLEXÃO: VIAGEM AOS TERRITÓRIOS GENTIOS: TIRO, SIDON, CESAREIA DE FILIPE, DECÁPOLE*

Ida aos territórios gentios: a dupla relevância

Jesus Cristo fez uma jornada, com os discípulos, aos territórios predominantemente gentios de Tiro, Sidon, Cesareia de Filipe e Decápole.**

A primeira relevância dessa jornada é evidente: ficou claro o sentido universal de sua viagem. "Ele não veio trazer a Boa-Nova apenas aos filhos de Abraão, mas também aos gentios."

---

* Ver Cap. 11 da obra *Jesus the Messiah*, de Robert H. Stein.
** Conjunto de dez pequenas cidades gregas.

Ida aos territórios: o ponto de inflexão

A segunda relevância é menos óbvia, mas extremamente relevante: foi um ponto de inflexão na vida de Cristo.

Além da pregação aos gentios, Jesus voltou-se para seus discípulos. E, nesse movimento, duas principais coisas aconteceram.

Em primeiro lugar, a certa altura, perguntou aos discípulos: "Quem dizem as pessoas que é o Filho do homem?"

Disseram: "Uns afirmam que é João Batista, outros que Elias, outros, ainda, que Jeremias ou um dos profetas."

"E vós, quem dizeis que Eu Sou?"

Simão Pedro, respondendo, disse: "Tu és o Cristo,* o Filho de Deus Vivo."

Jesus: "Bem-aventurado és tu, Simão, filho de Jonas, porque não foi a carne nem o sangue que te revelaram isso, e sim meu Pai, que está nos céus. Também te digo que tu és Pedro, e sobre esta pedra edificarei minha Igreja. E as portas do inferno não prevalecerão contra ela. Eu te darei as chaves do Reino dos Céus, e o que ligares na Terra estará ligado nos Céus, e o que desligares na Terra estará desligado nos Céus."

Com isso, duas coisas fundamentais para o futuro do Cristianismo estavam definidas. Primeiro, o estabeleci-

---

* Em grego, "O Messias" – o Ungido de Deus.

MEMORIAL DA VIRGEM

mento da Igreja, ou seja, a assembleia dos cristãos. Em seguida, a liderança de Pedro, entre os apóstolos. Liderança que se perpetuaria através do Papado — os sucessores de Pedro.

Por outro lado, a inflexão envolve uma nova atitude de Cristo em relação aos discípulos: a partir daí, Jesus passa a prepará-los para a sua Paixão, Morte e Ressurreição.

Diz Mateus: "A partir de então, Jesus começou a mostrar a seus discípulos ser necessário que fosse a Jerusalém e sofresse muito por parte dos anciãos, chefes dos sacerdotes e dos escribas, e que fosse morto e ressurgisse ao terceiro dia."

Aparentemente, os anúncios da Paixão aos discípulos só lhes causaram confusão espiritual. Todavia, após a Ressurreição "os discípulos se tornariam capazes de ver claramente que a cruz não foi uma tragédia nem engano, mas parte do mistério divino".

A Ressurreição iria confirmar que "Jesus de Nazaré foi realmente o Cristo, o Filho de Deus, o Salvador do Mundo".

O FILHO E O PAI

No momento em que aumentaram as pressões para que fosse morto, Jesus procurou definir, perante a multidão, a sua Missão:*

"Em verdade, em verdade, vos digo:
O Filho, por si mesmo, nada pode fazer
Mas só aquilo que vê o Pai fazer;
Tudo que este faz
O Filho o faz igualmente.
Porque o Pai ama o Filho
E Lhe mostra tudo o que faz;
E Lhe mostrará obras maiores que essas
Para que vos admireis.
Como o Pai ressuscita os mortos
E os faz viver,

* Ver Evangelho de João, 5.

Também o Filho dá a vida a quem quer.
Porque o Pai a ninguém julga,
Mas confiou ao Filho todo julgamento,
A fim de que todos honrem o Filho,
Como honram o Pai.
Quem não honra o Filho
Não honra o Pai que O enviou.
Em verdade, em verdade, vos digo:
Quem escuta a minha palavra
E crê naquele que me enviou
Tem a vida eterna
E não vem a julgamento,
Mas passou da morte à vida.
Em verdade, em verdade, vos digo:
Vem a hora — e é agora —
Em que os mortos ouvirão a voz do Filho de Deus,
E os que o ouvirem, viverão.
Assim como o Pai tem a vida em si mesmo,
Também concedeu ao Filho ter a vida em si mesmo
E lhe deu o poder de exercer o julgamento,
Porque é Filho do Homem.
Não vos admireis com isto:
Vem a hora
Em que todos os que repousam nos sepulcros
Ouvirão sua voz
E sairão;
Os que tiverem feito o bem,
Para uma ressurreição de vida;

Os que tiverem praticado o mal,
Para uma ressurreição de julgamento.
Por mim mesmo, nada posso fazer:
Eu julgo segundo o que ouço,
E meu julgamento é justo,
Porque não procuro a minha vontade,
Mas a vontade daquele que me enviou.
Se eu der testemunho de mim mesmo,
Meu testemunho não será verdadeiro;
Outro é que dá testemunho de mim,
E sei que é verdadeiro
O testemunho que presta de mim.
Vós enviastes emissários a João
E ele deu testemunho da verdade.
Eu, no entanto, não dependo do testemunho de
homem;
Mas falo isso, para que sejais salvos.
Ele era a lâmpada que arde e ilumina
E vós quisestes vos alegrar,
Por um momento, com sua luz.
Eu, porém, tenho testemunho maior que o de João:
As obras que o Pai me encarregou de consumar.
Tais obras, eu as faço
E elas dão testemunho de que o Pai me enviou.
Também o Pai que me enviou
Dá testemunho de mim.
Jamais ouvistes a sua voz,
Nem contemplastes a sua face,

E sua palavra não permanece em vós
Porque não credes
Naquele que Ele enviou.
Vós perscrutais as Escrituras
Porque julgais ter nelas a vida eterna;
Ora, são elas que dão testemunho de mim;
Vós, porém, não quereis vir a mim
Para ter a vida.
Não recebo a glória que vem dos homens.
Mas eu vos conheço:
Não tendes em vós o amor de Deus.
Vim em nome de meu Pai,
Mas não me acolheis;
Se alguém viesse em seu próprio nome,
Vós o acolheríeis.
Como podeis crer,
Vós que recebeis gloria uns dos outros,
Mas não procurais
A glória que vem do Deus único?
Não penseis que vos acusarei diante do Pai;
Moisés é vosso acusador,
Ele, em quem pusestes a vossa esperança.
Se crêsseis em Moisés,
Haveríeis de crer em mim,
Porque foi a meu respeito que ele escreveu.
Mas se não credes em seus escritos,
Como crereis em minhas palavras?"

PARTE III

O Inocente e a Glória na Cruz

Missão em Jerusalém

O DEUS QUE DANÇA

Depois da apresentação de tantas parábolas, Jesus disse aos discípulos ser chegada a hora de sua última subida a Jerusalém. Para isso, portanto, partiu da Galileia e veio para a região da Judeia, na outra margem do Jordão.

Maria permaneceu em Nazaré. E uma noite teve uma visão. Nela, Jesus e um homem vestido em roupas reais se colocaram em frente ao Templo de Jerusalém.

Jesus: "Comecemos, Davi."

Os dois, então, começaram a dançar, em frente ao Templo.

Enquanto dançavam, Maria lembrou-se da dança de Davi em frente à Arca da Aliança, quando foi esta transladada de Baalé para Jerusalém.

Percebendo que uma multidão já se estava formando, Jesus e Davi suspenderam a dança e encaminharam-se para o Templo.

Entretanto, a uma certa altura, Davi voltou-se e veio vindo até perto de Maria, que estava na multidão. E falou: "Vem a Jerusalém, para a Páscoa, pois teu filho corre perigo."

Desfez-se a visão, e Maria percebeu que estivera sonhando.

E decidiu: logo de manhã procuraria as outras discípulas de Jesus, em Nazaré e cidades próximas, para se incorporarem aos homens e tomarem o caminho de Jerusalém, pois a Páscoa estava próxima.

JESUS MONTADO EM UM JUMENTINHO — ENTRADA TRIUNFAL EM JERUSALÉM

Na subida para Jerusalém, Jesus falou aos doze, que, assustados, o acompanhavam: "Eis que subimos para Jerusalém, e o Filho do Homem será entregue aos chefes dos sacerdotes e aos escribas. Eles o condenarão à morte e o entregarão aos gentios, zombarão dele e cuspirão nele, o açoitarão e o matarão. E três dias depois ele ressuscitará."

Medo e, agora, perplexidade. Ao chegarem próximo a Betfagé e Betânia, a pequena distância da capital, perto do Monte das Oliveiras, enviou dois de seus discípulos, dizendo-lhes: "Ide ao povoado que está a vossa frente. Entrando nele, encontrareis imediatamente um jumentinho amarrado, que ninguém montou ainda. Soltai-o e trazei-o."

Foram e acharam o jumentinho amarrado, na rua, junto a uma porta, e o soltaram. Alguns dos que ali se encontravam indagaram: "Por que soltais o jumentinho?" Responderam, como Jesus havia dito: "O Senhor precisa dele, mas logo o mandará de volta." Eles os deixaram partir.

Os discípulos levaram a Jesus o jumentinho, sobre o qual puseram suas vestes. E ele o montou.

Na entrada de Jerusalém, muita gente estendeu as vestes pelo caminho, outros puseram ramos que haviam apanhado no campo.

Os que iam à frente dele e os que o seguiam clamavam:
"Hosana! Bendito o que vem
Em nome do Senhor. Bendito
O Reino que vem do nosso Pai
Davi. Hosana no mais alto dos céus."

Jesus Cristo entrou no Templo, em Jerusalém, e, tendo observado tudo, percebeu já ser tarde e se encaminhou com os doze para Betânia.

Reflexão: de um lado, a óbvia conexão do nascimento de Jesus em uma gruta com a escolha, para a entrada triunfal em Jerusalém, de um jumentinho como montaria.

O Rei dos Judeus, que os Magos do Oriente vieram homenagear, não escolheu um Palácio para nascer e morar, e não quis um séquito numeroso e ricamente vestido, quando chegou o momento de ser coroado.

De outro lado, a multidão que o aclamou como Messias ("Hosana! Bendito o que vem em nome do Senhor") talvez tenha sido, pelo menos em grande parte, a mesma multidão que para ele iria pedir a crucificação, pouco tempo depois.

AINDA A MISSÃO EM JERUSALÉM

Os *vendilhões do templo*

No dia seguinte, de volta de Betânia, Jesus, com seus discípulos, encaminhou-se novamente para o Templo.

Numa olhada, percebeu o que estava acontecendo: o Templo parecia um mercado — vendedores, compradores, cambistas e seus clientes.

Jesus não hesitou: imediatamente expulsou os vendedores e cambistas, virando suas mesas.

E falou: "<u>Minha casa será chamada Casa de Oração</u>. Vós, porém, fazeis dela um covil de ladrões."

Depois, fez curas, à frente de crianças e chefes de sacerdotes e escribas.

Diante de tudo que acontecera, as crianças começaram a exclamar: "<u>Hosana</u> ao Filho de Davi."

Já os chefes dos sacerdotes e escribas ficaram indignados e lhe falaram: "Estás ouvindo o que estão a dizer?"

Jesus: "Sim. Nunca lestes que:

'Da boca dos pequeninos e das criancinhas de peito preparaste um louvor para Ti.'"

Em seguida, deixando-os, dirigiu-se para fora da cidade.

O *óbulo da viúva*

Com os discípulos, em outra oportunidade, Jesus observou como eram dados os óbulos para o Templo: os ricos depositavam grandes valores; uma viúva indigente lançou duas moedinhas.

Comentou, então: "De fato, eu vos digo que esta pobre viúva deu mais que todos. Pois os outros deram do que lhes sobrava. Ela, porém, na sua penúria, ofereceu tudo que possuía para viver."

Cristo e César

Como visto, os fariseus estavam procurando formas de apanhar Jesus por uma palavra.

Enviaram-lhe, então, seus discípulos e os herodianos, que fizeram a colocação: "Mestre, sabemos que és verdadeiro e que, de fato, ensinas o caminho de Deus. Não dás preferência a ninguém, pois não consideras um homem pelas aparências. Dize-nos, pois, que te parece: é lícito pagar imposto a César, ou não?"

Jesus respondeu: "Hipócritas. Por que me pondes à prova? Mostrai-me a moeda do imposto."

Apresentaram-lhe um denário.

Jesus: "De quem é esta imagem e a inscrição?"

Resposta: "De César."

Jesus: "Daí, pois, o que é de César a César, e o que é de Deus, a Deus."

Principalmente de um ângulo fundamental, que varou os séculos, provocou debates infindáveis, divergências dentro das sociedades, divergências entre países.

Tal ângulo é o das relações entre Estado e Igreja, ou, de outra forma, entre Estado e Religião.

Poderia parecer que definir uma religião oficial seria bom para a Igreja. Mas a realidade através dos tempos, inclusive no Brasil, mostrou que, se há religião oficial, o Estado vai querer dispor sobre as questões internas da Igreja (escolha de Bispos ou Cardeais) ou, até, sobre questões de doutrina. Sempre foi e sempre será assim.

E quando vemos os Estados teocráticos, por exemplo, no Oriente Médio, o problema se coloca com toda clareza.

Voltemos, então, à colocação de Jesus: "A César o que é de César e a Deus o que é de Deus." A solução está no Evangelho, pela própria palavra de Cristo.

Jesus condenado à verdade — escribas e fariseus

Não podendo faltar ao seu dever com a verdade, Jesus teve de falar a seus discípulos e à multidão: "Os Escribas e Fariseus estão sentados na Cátedra de Moisés.

Portanto, fazei e observai tudo quanto vos disserem. Mas não imiteis suas ações, pois dizem mas não fazem.

"Amarram fardos pesados sobre os ombros dos homens, mas eles mesmos nem com um dedo se dispõem a movê-los. Praticam todas as ações com o fim de serem vistos pelos homens.

'Quanto a vós, não permitais que vos chamem 'Rabi', pois um só é o vosso Mestre e todos vós sois irmãos. A ninguém na Terra chameis 'Pai', pois só tendes o Pai Celeste. Nem permitais que vos chamem 'Guia', pois um só é o vosso guia, Cristo. Antes, o maior dentre vós será aquele que vos serve. Aquele que se exaltar será humilhado, e aquele que se humilhar será exaltado."

Enquanto isso, os chefes dos sacerdotes e os anciãos reuniram-se no pátio do Sumo Sacerdote, Caifás, e decidiram que Jesus deveria ser preso e morto. "Não durante a festa, para não haver revolta popular."

Vê-se, assim, como estava elevada a temperatura política às vésperas da Paixão de Cristo.

Foi nesse clima que um dos doze, Judas Iscariotes, foi até o Chefe dos Sacerdotes e propôs: "O que me dareis se eu o entregar?"

Resposta: "Trinta moedas de prata."

O preço da vida do Cordeiro de Deus.

A "Nova e Eterna Aliança"

A "NOVA E ETERNA ALIANÇA"

Preparativos da ceia

Veio o Dia dos Ázimos, quando devia ser celebrada a Páscoa (<u>Passover</u>).

Jesus, então, enviou Pedro e João, dizendo: "Ide preparar-nos a Páscoa para comermos."

Perguntaram-lhe: "Onde queres que a preparemos?"

Respondeu-lhes: "Logo que entrardes na cidade, encontrareis um homem levando uma bilha de água. Segui-o até à casa em que ele entrar. Direis ao dono da casa: 'O Mestre te pergunta: onde está a sala em que comerei a Páscoa com os meus discípulos?' E ele vos mostrará, no andar superior, uma grande sala, provida de almofadas. Preparai ali."

Eles foram, acharam tudo como dissera Jesus, e prepararam a Páscoa.

O *Senhor lava os pés dos servos*

Durante a Ceia, sabendo que Deus tudo pusera em suas mãos, e que Ele viera de Deus e a Deus voltaria, Jesus levanta-se da mesa, depõe o manto e, tomando uma toalha, cinge-se com ela. Depois, põe água numa bacia e começa a lavar os pés dos discípulos e enxugá-los com a toalha.

Chegada a vez de Simão Pedro, este lhe diz: "Senhor, tu lavar-me os pés?"

Jesus respondeu: "O que faço não compreendes agora, mas o compreenderás mais tarde."

Pedro: "Jamais me lavarás os pés."

Jesus: "Se não te lavar, não terás parte comigo."

Simão Pedro: "Senhor, não apenas os pés, mas também as mãos e a cabeça."

Jesus: "Quem se banhou não tem necessidade de se lavar, porque está puro. Vós também estais puros, mas não todos."

Depois que lhes lavou os pés, retomou o manto, voltou à mesa e lhes disse: "Compreendeis o que vos fiz? Vós me chamais Mestre e Senhor, e dizeis bem. Eu o sou. Se, portanto, eu, o Mestre e Senhor, vos lavei os pés, vós também deveis lavar-vos os pés uns aos outros. Dei-vos o exemplo. Agora, segui-o." E, então:

"Em verdade, em verdade, vos digo:
O servo não é maior que seu senhor,
Nem o enviado maior do que quem o enviou."

Evidentemente, não se trata aqui apenas de uma lição de humildade. Um ritual judeu transformado em lição de humildade: o senhor servindo os servos.

Em sentido mais amplo, o gesto significa uma doação. Doar-se aos outros, com generosidade e amor.

Anúncio da traição de Judas

Tendo dito isso, Jesus perturbou-se em seu espírito e declarou:

"Em verdade, em verdade, vos digo:

Um de vós me entregará."

Os discípulos entreolhavam-se, sem saber de quem falava. Simão Pedro falou, então, ao discípulo que Jesus amava, sentado ao lado do Mestre: "Pergunta-lhe quem é."

O discípulo indagou de Jesus: "Quem é, Senhor?"

Jesus: "É aquele a quem eu der o pão que umedecerei no molho."

Tendo umedecido o pão, ele o toma e dá a Judas, filho de Simão Iscariotes. E lhe diz: "Faze depressa o que estás fazendo."

Nenhum dos que estavam à mesa compreendeu por que lhe dissera isso. Como era Judas quem guardava a bolsa comum, alguns pensavam que Jesus lhe dissera: "Compra o necessário para a festa."

Tomando, então, o pedaço de pão, Judas saiu imediatamente. Já era noite.

Bodas: a "Nova e Eterna Aliança"

Voltando à ceia, depois de anunciar que iria ser traído, Jesus Cristo tomou o pão em suas mãos, elevou os olhos ao Pai, deu graças e o partiu. E o deu aos seus discípulos, dizendo:

"TOMAI, TODOS, E COMEI: ISTO É O MEU CORPO, QUE SERÁ ENTREGUE POR VÓS."

Do mesmo modo, ao fim da ceia, ele tomou o cálice em suas mãos, deu graças novamente e o deu aos discípulos, dizendo:

"TOMAI, TODOS, E BEBEI: ESTE É O CÁLICE DO MEU SANGUE, O SANGUE DA 'NOVA E ETERNA ALIANÇA', QUE SERÁ DERRAMADO POR VÓS E POR TODOS, PARA REMISSÃO DOS PECADOS. FAZEI ISSO EM MEMÓRIA DE MIM."

Estava, assim, instituída a Eucaristia — centro da Vida Cristã. E, com ela, a Aliança que existiria, para sempre, entre Deus e seu povo — os cristãos (mesmo os que creem serem agnósticos).

Com isso, o ministério de Jesus Cristo, que havia começado com bodas (Bodas de Caná) terminava também em bodas.

O novo mandamento

Em seguida, Jesus falou aos apóstolos:

"EU VOS DOU UM MANDAMENTO NOVO: QUE VOS AMEIS UNS AOS OUTROS, COMO EU VOS AMEI."

E, então:

"Filhinhos,
Por pouco tempo ainda estou convosco.
Vós me procurareis
E, como eu havia dito aos judeus,
Agora também vos digo:
Para onde vou
Vós não podereis ir."
Simão Pedro lhe diz: "Senhor, para onde vais?"
Jesus: "Não podes seguir-me agora, mas me seguirás mais tarde."
Pedro: "Por que não posso seguir-te agora? Darei a vida por ti."
Jesus: "Darás a vida por mim? Em verdade, em verdade, te digo: o galo não cantará sem que me renegues três vezes."
Em seguida, falou em geral:
"Cesse de perturbar-se o vosso coração."
....
"...Pois vou preparar-vos um lugar,
Virei novamente e vos levarei comigo,
A fim de que onde eu estiver
Estejais vós também.
E para onde vou conheceis o caminho."
Mas Tomé lhe diz: "Senhor, não sabemos onde vais. Como podemos conhecer o caminho?"
Responde Jesus:

"Eu sou o Caminho, a Verdade e a Vida.
Ninguém vem ao Pai a não ser por mim.
Se me conheceis, também conhecereis meu Pai.
Desde agora O conheceis e O vistes."
Filipe lhe diz: "Senhor, mostra-nos o Pai e isso nos basta."
Jesus: "Há tanto tempo estou convosco e tu não me conheces, Filipe?"

É clara a insistência de Jesus em dois pontos: que ele será sacrificado, mas que voltará para estar com os apóstolos. E que ele e o Pai são a mesma coisa. O mesmo Deus.

Desta forma, para acentuar o primeiro ponto, falou:
"Um pouco de tempo e já não me vereis, mais um pouco de tempo ainda e me vereis."
Jesus ainda procurou esclarecer:
"Quando a mulher está para dar à luz, entristece-se,
Porque sua hora chegou;
Quando, porém, dá à luz a criança,
Já não se lembra dos sofrimentos.
Pela alegria de ter vindo ao mundo um homem.
Também vós, agora, estais tristes;
Mas vos verei de novo
E vosso coração se alegrará
E ninguém vos tirará vossa alegria."

A verdade é que, quando Jesus falava claramente de sua Paixão e Morte, os apóstolos não queriam ouvi-lo, porque achavam isso uma coisa inadmissível. E quando ele falava por imagens, criava-se a perplexidade, porque não aceitavam a realidade que estava por trás.

Podemos culpá-los? Para isso, é preciso ter entendido uma coisa simples — e terrível: que Jesus de Nazaré, o Filho de Deus encarnado, tinha vindo ao mundo para salvá-lo — e, nessa trajetória de salvação, ser crucificado. Morte ignominiosa, reservada para malfeitores.

A história, entretanto, não terminava aí. Por isso, Jesus insistia: "mais um pouco e me voltareis a ver".

A *vinda do Espírito (o Paracleto)*

Ainda uma coisa faltava anunciar. Por isso, Jesus falou:

"Porque vos disse que vou para Aquele que me enviou,
A tristeza envolveu vossos corações.
No entanto, eu vos digo a verdade:
É de vosso interesse que eu parta,
Pois, se não for,
O Espírito não virá a vós.
Mas, se for,
Enviá-lo-ei a vós."
Completando:
"Tenho ainda muito que vos dizer,
Mas não podeis agora suportar.
Quando vier o Espírito da Verdade,
Ele vos guiará na verdade plena,

Pois não falará de si mesmo,
Mas dirá tudo que tiver ouvido.
E vos anunciará as coisas futuras.
Ele me glorificará,
Porque receberá do que é meu,
E vos anunciará.
Tudo que o Pai tem é meu.
Por isso vos disse:
Ele receberá do que é meu
E vos anunciará."

Pai, Filho e Espírito Santo.

O Filho cumpre a vontade do Pai, mas tudo que o Pai tem é do Filho. E o Espírito recebe do que é do Filho e virá anunciar aos apóstolos.

O que será essa anunciação? Algo tem de acontecer: os doze são um corpo fraco — Judas trai, Pedro renega três vezes, os outros estão perplexos, como filhos abandonados.

Uma transformação é necessária.

Daí a vinda do Espírito.

Paixão e Glória na Cruz

O INOCENTE E A PAIXÃO

A prisão

Tendo dito tudo isso, Jesus foi com os discípulos para o Jardim das Oliveiras, a fim de meditar.

Acometeu-o uma profunda tristeza.

E, ajoelhado, pensou: "Pai, se queres, afasta de mim este cálice. Contudo, não a minha vontade, mas a tua seja feita."

Pouco depois, quando Jesus foi acordar os discípulos, que dormiam de cansaço e tristeza, alheios ao que acontecia, chegou Judas, com uma coorte; guardas e uma verdadeira multidão, trazendo espadas e paus, da parte dos Chefes dos Sacerdotes, Escribas e Anciãos.

Tão logo chegou próximo a Jesus, Judas o beijou, dizendo: "Mestre."

Jesus: "Amigo, para que estás aqui?"

Os guardas o prenderam.

Jesus, dirigindo-se a eles, disse: "Serei eu um ladrão? Saístes para prender-me com espadas e paus. Eu estive convosco no Templo, ensinando todos os dias, e não me prendestes. Mas é para que as escrituras se cumpram. 'Então, abandonando-o, fugiram todos.'"

Duas coisas ressaltam. De um lado, a humanidade de Jesus: ele aceitou a missão dada pelo Pai, mas, no momento em que sentiu a proximidade da prisão e morte, teve uma reação muito humana — medo. Daí a oração: "Pai, se puderes, afasta de mim este cálice." Era a tentação. Mas, claro, imediatamente veio a reação: que se fizesse a vontade do Pai, e não a dele, Jesus.

De outro lado, o caráter clandestino da prisão de Jesus. Os Chefes dos Sacerdotes e os Escribas usaram um traidor, pago com trinta moedas de prata, para mandar prender o Inocente, num lugar ermo, no meio da noite. Não tinha havido condenação, nem pelo Sinédrio, nem por Herodes, nem por Anás e Caifás, nem, principalmente, por Pilatos, o governador romano.

Perante o Sinédrio

Os que prenderam Jesus levaram-no ao Sumo Sacerdote, Caifás, junto ao qual estavam reunidos os Escribas e Anciãos.

Pedro seguiu o Mestre, de longe, até o pátio do Sumo Sacerdote.

No Sinédrio, sucediam-se as testemunhas, chamadas, claro, com o objetivo de obter algo que incriminasse Jesus.

Ao final de tantas tentativas, o Sumo Sacerdote falou a Jesus: "Eu te conjuro, pelo Deus Vivo, que nos declares se és o Cristo (o Messias), o Filho de Deus."

Jesus respondeu: "Tu o disseste. Aliás, eu vos digo que, de ora em diante, vereis <u>o Filho do Homem sentado à direita do Poder e vindo sobre as nuvens do céu.</u>"

O Sumo Sacerdote então rasgou as vestes, dizendo: "Blasfemou! Que necessidade temos ainda de testemunhas? Vede: Vós ouvistes nesse instante a blasfêmia. Que pensais?"

Eles responderam: "É réu de morte." E cuspiram-lhe no rosto e o esbofetearam.

Judas e o sangue do Inocente

Judas, vendo que Jesus fora condenado, sentiu remorsos e veio devolver aos Chefes dos Sacerdotes e aos Anciãos do povo as moedas da traição, dizendo: "Pequei, entregando <u>sangue inocente.</u>"

Mas estes responderam: "Que temos nós com isso? O problema é teu."

Judas, atirando as moedas no Templo, retirou-se.

Desesperado, enforcou-se numa árvore, sempre com aquelas palavras na cabeça: "Pequei, entregando sangue inocente."

Os Chefes dos Sacerdotes, tomando as moedas, disseram: "Não é lícito depositá-las no Tesouro do Templo, porque se trata de preço de sangue." Assim, depois de deliberarem em conselho, compraram com elas o Campo do Oleiro, para sepultamento de estrangeiros.

Eis por que até hoje aquele campo se chama "Campo de Sangue". Sangue de Cristo e sangue de Judas.

Negações de Pedro

Enquanto tudo isso se passava, Pedro estava sentado fora, no pátio. Aproximou-se dele uma criada, dizendo: "Também tu estavas com Jesus, o Galileu."

Ele, porém, negou diante de todos, dizendo: "Não sei o que dizes."

Saindo para o pórtico, outra criada viu-o e disse aos que ali estavam: "Ele estava com Jesus, o Nazareno." De novo ele negou, jurando que não conhecia o Homem.

Pouco depois, os que lá estavam disseram a Pedro: "De fato, também tu és um deles, pois o teu sotaque te denuncia."

Então, ele começou a praguejar e a jurar, dizendo: "Não conheço este homem."

Imediatamente, um galo cantou.

Pedro, então se lembrou da palavra que Jesus dissera: "Antes que o galo cante, três vezes me negarás."

Três negações.

De certa forma, uma traição.

Saindo dali, chorou amargamente.

Judas — *uma tragédia à sombra da cruz**

"Judas é a tragédia do desespero, que invade e destrói tudo, da expiação (segundo o pensamento antigo) de uma fraqueza que excede de muito todas as fraquezas humanas."

"Inicialmente, Judas me parece ser uma vítima da própria fraqueza e, nesse sentido, ninguém é mais miserável que ele. Quem a tentação procura, entre os que seguem a Jesus, é alguém bastante fraco para aceitá-la. Esse alguém é Judas. E, depois de perpetrada a traição, Judas ainda é o mesmo fraco, que não consegue suportar o peso do seu crime e se entrega ao desespero irremissível.

Mas nada disso, creio eu, exclui uma certa atitude de piedade por Judas, por essa miséria que não se suporta a si mesma e a quem o Cristo Ressuscitado teria certamente perdoado — não tenho sombra de dúvida nesse sentido —, se ela tivesse tido uma confiança mais forte e um pouco menos de orgulho diante de Deus.

Judas desesperou porque mediu a imensidade de sua traição e se deixou levar pela sua tristeza de amal-

---

* Ver Octavio de Faria, *Três tragédias à sombra da cruz* , 1939.

diçoado. Talvez um pouco menos de sensibilidade (agora que tudo estava consumado) tivesse levado Judas, no decorrer e depois da Paixão, ao grande arrependimento, ao possível perdão de Jesus — provavelmente mesmo ao apostolado e ao martírio. Mas a falta de capacidade de suportar o seu sofrimento, o horror de ter sido tão miserável, de ter traído o seu amor pelo Mestre, perdeu Judas."

"Nessas condições, não creio que a atitude realmente cristã, ou católica, possa ser outra senão um imenso movimento de oração por esse desgraçado que praticou o maior dos crimes. Quem mais do que ele necessitará essa oração? Quem mais do que esse desesperado, que simboliza não só a morte de todo o mundo antigo como a morte diária de cada um dos que traem o Cristo..."

Pilatos: "O que é a verdade?"

Depois do Sinédrio, Jesus foi levado à presença de Pilatos, o governador romano. Só ele poderia condená-lo à morte.

O Governador perguntou: "És tu o Rei dos Judeus?"

Jesus: "Tu o dizes."

Pilatos: "Que fizeste? Teu povo e os Chefes dos Sacerdotes te entregaram a mim. Querem que te condene à morte."

Jesus respondeu:

"Meu reino não é deste mundo
Se meu reino fosse deste mundo,
Meus súditos teriam combatido
Para que eu não fosse entregue aos judeus,
Mas meu reino não é daqui."
Pilatos lhe disse: "Então, tu és Rei."
Repetindo, Jesus falou:
"Tu o dizes: eu sou Rei
Para isso nasci
E para isso vim ao mundo:
Para dar testemunho da verdade.
Quem é da verdade escuta minha voz."
Disse-lhe Pilatos: "O que é a verdade?"

Enquanto estava sentado no tribunal, sua mulher lhe mandou dizer: "Não te envolvas com esse justo, porque muito sofri hoje em sonho, por causa dele."

Pilatos saiu de novo e foi ao encontro dos judeus, para dizer-lhes: "Não encontro nele nenhum motivo de condenação. Vou flagelá-lo e mandar soltá-lo."

Mas os Chefes dos Sacerdotes e os guardas reagiram: "Crucifica-o. Crucifica-o."

Pilatos, então, mandou flagelar Jesus: os soldados, tecendo uma coroa de espinhos, puseram-lha na cabeça e jogaram sobre ele um manto de púrpura, como se fosse rei. Aproximando-se dele, diziam: "Salve, Rei dos Judeus." E o esbofeteavam.

Numa nova tentativa, Pilatos lembrou-se de que poderia, segundo o costume na Páscoa, oferecer a libertação de um prisioneiro: Jesus, em que não via nenhum crime, ou Barrabás, preso por envolvimento em sedição e assassinato.

Diante da multidão, o governador romano apresentou Jesus, sentado, no Tribunal, e falou: "Eis o homem. Eis o vosso rei."

Mas eles gritavam: "Não temos outro rei a não ser César."

Pilatos: "A quem quereis que solte: Jesus ou Barrabás?"

"Barrabás, Barrabás."

"E que farei com Jesus?"

"Crucifica-o! Crucifica-o!"

Pilatos, então, deixou que se atendesse ao clamor da multidão. Soltou Barrabás, preso por motim e homicídio, e entregou o Inocente ao arbítrio deles.

E assim o povo judeu, insuflado pelos Chefes dos Sacerdotes e os Doutores da Lei, optou por libertar Barrabás, condenado por vários crimes, e crucificar Jesus de Nazaré, o Inocente.

A tragédia de Pilatos*

"Pilatos é a tragédia da justiça que se acovarda (por demais fraca, isolada do homem forte), da admiração que não ousa falar mais alto que o egoísmo. É o homem fraco que recua diante do sacrifício pessoal que se lhe

---

* Ver *Três tragédias à sombra da cruz*, Octavio de Faria", 1939.

MEMORIAL DA VIRGEM

impõe para salvar o seu mundo, precipitando-o assim consigo na mais irremessível das infâmias.

"É preciso não julgar Jesus e Pilatos julga-O. É preciso ousar tudo e Pilatos lava as mãos. É preciso se arrepender e Pilatos só quer esquecer. Pilatos tergiversa sempre e por isso entrega a justiça de Roma à execração dos homens. Por isso também não há sobre a terra criatura mais desprezível que Pilatos."

O INOCENTE E A GLÓRIA NA CRUZ

"Filhas de Jerusalém, não choreis por mim"

Jesus foi, então, levado a um lugar próximo a Jerusalém, denominado Gólgota ("A Caveira"), carregando a Cruz.

Grande multidão o seguia, e nela também mulheres, que batiam no peito e se lamentavam por causa dele.

Jesus, porém, voltou-se para elas e disse: "Filhas de Jerusalém, não choreis por mim. Antes, chorai por vós mesmas e por vossos filhos. Pois eis que virão dias em que se dirá: felizes as estéreis, as entranhas que não conceberam e os seios que não amamentaram. Então começarão a dizer às montanhas: 'Caí sobre nós! E às colinas: cobri-nos! Porque se fazem assim com o lenho verde, o que acontecerá com o seco?'"

Dois ladrões eram também conduzidos para o Calvário, de forma a serem crucificados com Ele.

Enquanto isso, Pilatos, o hesitante Pilatos do julgamento, resolveu afirmar-se: mandou redigir um letreiro e o fez colocar sobre a cruz de Cristo. Nele estava escrito: "Jesus de Nazaré, Rei dos Judeus" (INRI). Mas os Chefes dos Sacerdotes reagiram: "Não escrevas 'Rei dos Judeus', mas: "Este homem disse: Eu sou o Rei dos Judeus."

Pilatos respondeu: "O que escrevi, escrevi."

A *túnica e os dados*

No Gólgota, os soldados, quando crucificaram Jesus, tomaram suas roupas e as dividiram em quatro partes, uma para cada soldado.

Mas a túnica era sem costura, tecida como uma só peça, de alto a baixo. Disseram entre si: "Não a rasguemos, mas tiremos a sorte, para ver com quem ficará."

Isso, a fim de se cumprir a escritura, que diz:

"Repartiram entre si minhas roupas
E sortearam minha veste."

Os que assistiam injuriavam-no, dizendo: "Tu que destróis o Templo, e em três dias o reedificas, salva-te a ti mesmo. Se és o Filho de Deus, desce da cruz."

Um dos malfeitores suspensos na cruz também o insultava, dizendo: "Não és tu o Cristo de Deus, o Eleito? Salva-te a ti mesmo e a nós."

Mas o outro, Dimas, tomando a palavra, o repreendia: "Nem sequer temes a Deus, estando na mesma condenação? Quanto a nós, é de justiça, pagamos por nossos atos. Mas ele não fez nenhum mal." E acrescentou: "Jesus, lembra-te de mim, quando vieres com o Teu Reino."

O Inocente respondeu: "Em verdade, eu te digo, hoje ainda estarás comigo no Paraíso."

A *última tentação de Cristo*

Na Cruz, o Inocente começou a angustiar-se. Havia decidido fazer a vontade do Pai, mas faltava-lhe o conforto de sua presença. Em certo momento, chegou a bradar: "Deus meu, Deus meu, por que me abandonaste?"

Aos poucos, foi-se acalmando, mas começou a sentir a falta dos homens. Do calor que tantas vezes sentira, quando falava à multidão, levando a Boa-Nova.

Como era natural, encarnado e saído do ventre da Virgem, fora, gradualmente, tornando-se enamorado dos homens. Pensou no Centurião Romano, nos dez leprosos, na mulher adúltera, em Zaqueu, na Samaritana, em muitos outros.

Enamorado do convívio de homens e multidões, com suas qualidades e defeitos, atos admiráveis e, às vezes, atos abomináveis.

Enamorado, principalmente, dos "humilhados e ofendidos":* a viúva (dando seu óbulo ao Templo, sem saber

---

* O livro de Dostoiévski foi publicado sob a forma de romance folhetim, em 1861, na revista mensal *O Tempo*, de Mikhail Dostoiévski, irmão do romancista, a exemplo de Eugène Süe e, também, Dickens, Balzac e Victor Hugo.

se no dia seguinte teria o que comer), os doentes, em geral (que eram tomados como castigados por Deus), os pastores e outros despossuídos.

E, muito em particular, os humilhados e ofendidos espirituais, carentes de calor humano, carentes da presença de Deus. Como Maria de Magdala, aos pés da Cruz, e que havia curado do domínio de Sete Anjos Negros.

Cristo sentia falta da vida que tinha levado entre os homens, e da qual, agora, ficaria privado. Veio-lhe a vontade de pedir ao Pai que lhe permitisse ficar mais algum tempo entre os homens.

Sabia que iria ressuscitar, rever Maria, João, Pedro, os apóstolos e muitos discípulos.

Mas a falta que sentia era de uma convivência mais longa com as faces pouco conhecidas e as faces desconhecidas, mas nem por isso menos queridas.

Aos poucos, entretanto, veio-lhe vindo a ideia de que voltaria a conviver com todos, num Corpo Místico, no Reino de Deus, que se manifesta na Terra e se glorifica no Céu.

A glória na Cruz

Voltando o olhar para baixo, percebeu que estavam ali muitas mulheres. Entre elas, Maria, sua mãe, com o discípulo amado, Maria Madalena, Maria, mãe de Tiago e de José, e a mãe dos filhos de Zebedeu.

Jesus, então, falou, dirigindo-se à mãe: "Mulher, eis o teu filho", referindo-se a João. E a este: "Eis tua mãe."

Depois, sabendo Jesus que tudo estava consumado, disse, para que se cumprisse a escritura até o fim:

"Tenho sede."

Os soldados tomaram uma esponja, embebida em vinagre, e a levaram a sua boca. Quando Jesus sentiu o vinagre, falou:

"Está consumado."

E em seguida:

"Pai, em tuas mãos entrego o meu espírito."

Voltou-se para o lado e seu rosto se abriu numa espécie de sorriso.*

Nesse momento, o véu do Santuário se rasgou em duas partes, de cima abaixo, a Terra tremeu e as rochas se partiram. Abriram-se os túmulos e muitos corpos dos santos falecidos ressuscitaram. E, saindo dos túmulos, entraram na Cidade Santa, à vista de todo mundo.

O Centurião e os que com ele guardavam Jesus, vendo o que acontecera, glorificavam a Deus, dizendo:

"Realmente, este homem era justo."

---

* Imagem tirada de uma escultura existente na área de Arte Medieval do Metropolitan Museum of Art, NYC. O título é *Christ in Glory*, século XII, proveniente de Mosteiro Medieval.

PIETÀ — A ÚLTIMA TENTAÇÃO DA VIRGEM

Um pouco mais tarde, o corpo de Jesus foi descido da cruz e, durante algum tempo, deixado no colo de Maria.

A Virgem olhou para o corpo do Filho, seminu, e para o rosto, um pouco voltado para o lado, e se lembrou da profecia de Simeão, no Templo, quando da apresentação de Jesus, dirigindo-se a ela: "... e a ti, uma espada transpassará tua alma!"

Naquele momento, Maria sentiu não uma, mas muitas espadas. E, quase imperceptivelmente, um pensamento se foi assenhoreando do seu espírito: seu Filho, e Filho de Deus, não poderia ter pensado um pouco mais nela, antes de deixar que todas essas coisas acontecessem?

Todavia, aos poucos, foi-se lembrando de sua promessa, quando o anjo lhe anunciou que daria à luz o Filho de Deus: "Eu sou a serva do Senhor. Faça-se em mim conforme a Sua vontade."

Mas ainda pensou: "E agora, Senhor, o que vai ser feito de mim? Foi para isso que me destes este Filho?"

Sem embargo, em seguida, começou a pensar nas enigmáticas palavras de Jesus: "Um pouco de tempo e já não me vereis, mais um pouco de tempo ainda e me vereis."

Olhou novamente para o Filho, acariciou seu corpo flagelado, e duas lágrimas — duas, apenas — lhe desceram pelo rosto.

PARTE IV

Ressurreição e amor

O SILÊNCIO DOS INOCENTES

Depois que Jesus foi sepultado, por iniciativa de José de Arimateia, seu discípulo secreto, Nicodemos, um fariseu notável e que um dia procurara Jesus à noite, ofereceu uma casa sua em Jerusalém, para que todos pudessem repousar.

Inclusive Marta e Maria Madalena, que moravam relativamente perto, em Betânia, para não se afastarem da mãe de Jesus. "É hora de mostrar que a amamos."

Chegados à casa de Nicodemos, ninguém deu palavra. Mas, como se houvessem combinado, dirigiram-se todos a Pedro e o abraçaram afetuosamente.

No sábado, ficaram as mulheres em torno de Maria, enquanto os homens formavam vários grupos. Ninguém falava. Nem homens nem mulheres.

Maria Madalena, mergulhada na dor. Sua fé e esperança se alimentavam exclusivamente do amor, "e esse amor estava ferido. Seu pensamento e seu coração não deixavam o Túmulo de Cristo", onde repousava o bem-amado.

"Quando teve entre os braços o cadáver de Cristo, de maneira estranha e indizível, mas com a certeza do amor, sentira que o próprio Jesus, no que tinha de mais precioso e pessoal, permanecia ali. Sentira que aquele cadáver era alguém, era ele, Jesus, e não outra coisa."

Todos meditavam sobre o que havia acontecido, como a indagar: como é que Jesus, o Inocente e o Messias, pudera ser crucificado? E entre dois ladrões, como se houvesse cometido um crime ignominioso.

Parecia inadmissível que os homens, inclusive boa parte das multidões que haviam acompanhado Jesus em suas jornadas, houvessem cometido tal crime — esse, sim, um crime ignominioso.

E o nosso futuro? Estamos aqui, escondidos, com medo até de nossa própria sombra.

Tivemos entre nós o Messias — e o matamos. Como reparar essa culpa? Será que Pedro nos saberá liderar, mesmo depois de recuperar-se da tripla negação?

E que dizer daquela enigmática despedida: "Um pouco de tempo e já não me vereis, mais um pouco de tempo ainda me vereis?'

João, o discípulo amado, afastou-se para um canto e começou a rabiscar o chão com uma vareta, à semelhança do que o Mestre havia feito no episódio da mulher adúltera.

Primeiro, rabiscou: "Espírito."

MEMORIAL DA VIRGEM

Para que viria o Espírito de Deus, o Paráclito? Para reconfortá-los? Lembrou-se então que Jesus havia concluído o anúncio do Espírito com as palavras:

"Quando vier o Espírito da Verdade,

Ele vos guiará na Verdade Plena."

Talvez seja isso: o Espírito como guia. "Precisamos de guia, mesmo que Pedro se revele um bom líder. É só parar para pensar: nós, um bando de galileus amedrontados, mas, ao mesmo tempo, portadores da mensagem do Messias. E, sem o Espírito, essa mensagem vai ficar sepultada na Galileia."

Depois, garatujou: "A samaritana".

E recordou o episódio: numa das passagens de Jesus, da Judeia para a Galileia, tendo de atravessar a Samaria, chegou à cidade de Sicar, onde ficava a fonte de Jacó.

Sentou-se junto à fonte, enquanto os discípulos iam à cidade.

Uma mulher da Samaria chegou para tirar água. Jesus lhe falou: "Dá-me de beber."

A mulher: "Como, sendo judeu, tu me pedes de beber, a mim que sou samaritana?"

Jesus: "Se conhecesses o dom de Deus, e quem é que te diz 'dá-me de beber', tu é que lhe pedirias, e ele te daria a água viva."

Ela: "Senhor, nem sequer tens vasilha. E o poço é profundo. De onde, pois, tiras essa água viva? És, porventura, maior que nosso Pai Jacó, que nos deu este poço?"

Jesus respondeu:

"Aquele que bebe desta água,

Terá sede novamente;

Mas quem beber da água que lhe darei

Nunca mais terá sede."

A mulher: "Senhor, dá-me dessa água, para que eu não tenha mais sede."

João ficou a pensar: isso significa que os samaritanos também têm direito a receber a mensagem divina. E os gentios, igualmente, pois Jesus foi a vários territórios gentios, e lá procedeu como se estivesse na Palestina.

Então, nossa tarefa é muito maior que eu pensava.

E assim ficou, a recordar as principais passagens da Missão de Jesus. Por fim, inevitavelmente, chegou ao enigma que estava em todas as mentes: "um pouco de tempo..." "será que a resposta é o que estou pensando?"

Enquanto isso, Pedro raciocinava: "A partir de amanhã, vão todos esperar a minha iniciativa, porque Jesus havia dito: "Sobre esta pedra edificarei minha Igreja (Comunidade)."

"Tenho de estar preparado."

Depois, "os inimigos de Jesus irão perseguir-nos também, para que, eliminando os discípulos, eliminada seja, também, a mensagem do Mestre".

E, pelo que já nos chega aos ouvidos, não só os Escribas, Fariseus e Chefes dos Sacerdotes continuam inquietos. Novos adversários parecem estar surgindo, porque a

MEMORIAL DA VIRGEM

eles chegaram as notícias dos prodígios feitos por Jesus e da pregação que fez sobre o Reino dos Céus.

De todos esses possíveis adversários, o mais temível é Saulo de Tarso, não só porque tem o espírito de perseguição, mas porque é culto.

E eu — um pescador.

Saulo de Tarso.

"MORTE, ONDE ESTÁ TUA VITÓRIA?"

No primeiro dia da semana (domingo, no nosso calendário), Maria Madalena e Maria, mãe de Tiago, foram ao sepulcro, de madrugada, levando aromas.

Ao chegar, viram que a pedra fora retirada da entrada do sepulcro. Maria Madalena corre e vai avisar Simão Pedro e João. Disse-lhes: "Retiraram o Senhor do sepulcro e não sabemos onde o colocaram."

Pedro e João se dirigiram ao sepulcro. João chegou antes e, inclinando-se, viu as faixas de linho no chão. Pedro chegou em seguida, viu as faixas de linho e o sudário que cobrira a cabeça de Jesus.

Ainda sem entender o que acontecera, voltaram para casa.

Maria Madalena ficou do lado de fora, chorando. Olhando para o interior do sepulcro, viu dois homens vestidos de branco, resplandescentes, sentados sobre o túmulo, um à cabeceira e o outro aos pés.

Disseram-lhe então: "Mulher, por que choras?"

Ela lhes diz: "Porque levaram meu Senhor, e não sei onde o puseram."

Dizendo isso, voltou-se e viu um homem em pé. Não o reconheceu.

Jesus lhe diz: "Mulher, porque choras? A quem procuras?"

Madalena: "Senhor, se foste tu que o levaste, dize-me onde o puseste e eu o irei buscar."

Diz-lhe Jesus: "Maria!"

Madalena, reconhecendo-o, então, fala: "Mestre".

Jesus: "Não me toques, pois ainda não subi ao Pai. Vai, porém, a meus irmãos e dize-lhes: subo a meu Pai e vosso Pai, a meu Deus e vosso Deus."

Maria Madalena foi, então, anunciar aos discípulos: "Vi o Senhor", e as coisas que ele lhe disse.

JESUS RESSUSCITADO E A VINDA DO ESPÍRITO

Emaús: "Nós esperávamos que fosse ele quem redimiria Israel"

Dois dos discípulos viajavam nesse mesmo dia para um povoado chamado Emaús, e conversavam sobre os acontecimentos recentes.

Enquanto conversavam, Jesus aproximou-se e pôs-se a caminhar com eles, sem que o reconhecessem.

Um deles, chamado Cleofas, falou: "Pareces não saber os fatos que ocorreram em Jerusalém nos últimos dias."

Jesus: "Quais?"

Resposta: "O que aconteceu a Jesus, o Nazareno, que foi profeta poderoso em obras e palavras, diante de Deus e diante de todo o povo. Como nossos Sumos Sacerdotes e nossos Chefes o entregaram para ser condenado à morte e o crucificaram."

Depois: "Nós esperávamos que fosse ele quem redimiria Israel. Mas faz três dias que essas coisas aconteceram. É verdade que algumas mulheres, também discípulas, nos assustaram. Tendo ido muito cedo ao túmulo e não havendo encontrado o corpo, tiveram uma visão de anjos dizendo que ele está vivo."

Jesus, então, falou: "Insensatos e lentos de coração para crer tudo que os profetas anunciaram. Não era preciso que o Cristo sofresse tudo isso e entrasse em sua Glória"? E, começando por Moisés e percorrendo todos os profetas, interpretou-lhes em todas as escrituras o que a ele dizia respeito."

Como já estavam próximos a Emaús, Jesus simulou que ia mais adiante. Eles, porém, insistiram que fosse com eles, pois o dia já declinava. Uma vez à mesa, Jesus tomou o pão, abençoou-o, depois partiu e deu aos discípulos.

Eles, então, o reconheceram: "Mestre."

Mas Jesus se foi tornando invisível para eles.

A vinda do Espírito

Ao anoitecer desse mesmo dia, o primeiro da semana, os discípulos estavam reunidos, de portas fechadas, por medo dos judeus.

Jesus apareceu, em certo momento, e, pondo-se no meio deles, disse-lhes:

"A paz esteja convosco."

Mostrou-lhes as mãos e o lado.

Os discípulos, então, ficaram cheios de alegria, por ver o Senhor.

Novamente:

"A paz esteja convosco.

Como o Pai me enviou,

Também eu vos envio."

Dizendo isso, soprou sobre eles e lhes disse:

"Recebei o Espírito Santo."

"Aqueles a quem perdoardes os pecados ser-lhes-ão perdoados.

"Aqueles aos quais os retiverdes ser-lhes-ão retidos."

Um dos onze, Tomé, chamado Dídimo, não estava com eles, quando veio Jesus. Ao receber a notícia sobre a aparição de Jesus, ele respondeu: "Se eu não vir em suas mãos o lugar dos cravos e se não puser meu dedo no lugar dos cravos e minha mão no seu lado, não crerei."

Oito dias depois, achavam-se os discípulos, de novo, dentro de casa, e Tomé com eles.

Jesus veio, estando as portas fechadas, pôs-se no meio deles e disse:

"A paz esteja convosco."

Depois, voltou-se para Tomé e falou: "Põe teu dedo aqui e vê minhas mãos. Estende tua mão e põe-na no meu lado. E não sejas incrédulo, mas crê."

Respondeu-lhe Tomé: "Meu Senhor e meu Deus."

Jesus lhe disse:

"Porque viste, creste.

Felizes os que não viram e creram."

"Simão, filho de Jonas, tu me amas?"

A terceira vez que Jesus apareceu aos discípulos foi à margem do lago de Tiberíades.

Já amanhecera, Jesus estava de pé, na praia, os discípulos no barco, a pequena distância, após uma noite sem conseguir pescar.

Jesus falou: "Lançai a rede à direita do barco." Lançaram, e foram tantos os peixes na rede que já não tinham forças para puxá-la. João voltou-se para Pedro e disse: "É o Senhor." Simão Pedro cobriu-se com alguma roupa e atirou-se na água e foi ao encontro de Jesus.

Quando todos estavam em terra, prepararam uma refeição improvisada: peixe e pão.

Jesus distribuiu entre eles o peixe e o pão, sem que nada lhe perguntassem, porque agora sabiam que era o Senhor Ressuscitado.

Depois de comerem, Jesus falou a Simão Pedro: "Simão, filho de Jonas, tu me amas mais que estes?"

Pedro: "Sim, Senhor, tu sabes que te amo."

Jesus: "Apascenta meus cordeiros."

Pela segunda vez, Jesus pergunta: "Simão, filho de Jonas, tu me amas?"

"Sim, Senhor, tu sabes que te amo."

Terceira vez: "Simão, filho de Jonas, tu me amas?"

Entristeceu-se Pedro: "Senhor, tu sabes tudo. Tu sabes que te amo."

Jesus insistiu: "Apascenta minhas ovelhas."

E depois: "Segue-me."

Pedro, percebendo ser um chamado para segui-lo até a morte, seguiu Jesus. Mas, notando que João, o discípulo mais amado, também os seguia, falou: "Senhor, e ele?"

Jesus repetiu: "Segue-me."

Missão da Igreja

O Cristo Ressuscitado quis dizer principalmente duas coisas. Primeiro, que estava confiando à Igreja, liderada por Pedro ("apascenta meus cordeiros", "apascenta minhas ovelhas"), a missão de ser o abrigo dos homens. Mas, para isso, a Igreja (Comunidades dos Cristãos) tinha de amá-lo. Amá-lo até à morte, se necessário.

Segundo, que não deixava a Igreja sozinha: ela seria inspirada — e sempre amparada — pelo Espírito Santo, sempre.

> "Como o Pai me enviou,
> Também eu vos envio."

ASCENSÃO: "IDE POR TODO O MUNDO"

Na Galileia, os onze apóstolos se dirigiram à montanha que Jesus havia indicado.

Jesus falou:

"Ide por todo o mundo, proclamai o Evangelho a toda criatura. Aquele que crer e for batizado será salvo. O que não crer será condenado. E eis que estou convosco todos os dias, até a consumação dos séculos."

Dito isso, foi elevado à vista deles, e uma nuvem o ocultou a seus olhos.

Estando os discípulos a olhar atentamente para o céu, enquanto Ele se ia, dois homens de branco apareceram junto a eles, e lhes disseram:

"Homens da Galileia, por que estais a olhar para o céu? Este Jesus que foi arrebatado dentre vós para o céu, assim virá, do mesmo modo como o vistes partir para o céu."

EPÍLOGO:
Éfeso e Gálias — a Virgem e Madalena, dois destinos

MARIA MADALENA NAS GÁLIAS

Apesar das perseguições desencadeadas inúmeras vezes, na Palestina, contra a nascente Igreja dos Cristãos (Atos dos Apóstolos), Madalena e seus irmãos viveram algum tempo em Betânia, após a Ascensão de Cristo.

Mas, apesar do prestígio da família, era muito conhecida a amizade deles com o Senhor. "Um dia, pois, os judeus prenderam toda a família da Betânia e a colocaram num barco sem velas nem leme, ao léu dos ventos e das vagas. A mão de Deus guiou milagrosamente a embarcação até as costas da Provença, nas Gálias."

Madalena, então, passou o resto de sua vida numa gruta da Provença, localizada no flanco de uma floresta, no sopé de uma montanha, no sul da França, a leste do Ródano. Gruta de onde se avista uma bela paisagem e na qual Madalena, a antiga discípula de Frineia, vivia em contemplação.

Segundo a tradição, em seu último dia de vida, ela desceu à planície. Maximino, fundador da Igreja de Aix-la-Provence, veio a seu encontro e lhe deu o corpo de Cristo na Eucaristia. "Foi ele quem recebeu o último suspiro da bem-amada do cântico."

A VIRGEM EM ÉFESO

Éfeso, na Ásia Menor, tornou-se possessão de Roma em torno do ano 100 a.C.

Por volta dos anos 60 d.C., o apóstolo Paulo visitou várias vezes Éfeso, onde havia uma florescente Comunidade Cristã. Daí a Epístola aos Efésios que escreveu.

Segundo uma tradição que parece bem fundamentada*, a Virgem Maria lá teve sua última morada, junto com o apóstolo João. É bem plausível, pois Éfeso fica praticamente em frente à Ilha de Patmos, onde João ouvia a voz de Deus através de fendas no teto de uma gruta e depois ditava para um discípulo o profético poema "Apocalipse"**, dirigido às Sete Igrejas da Ásia.

---

* Ver *Enciclopédia Britânica*, Macropédia, Vol. 6, pág. 905.
** No início da década de 1990, numa excursão às Ilhas Gregas, visitamos (minha mulher e eu) a área de Éfeso. Fomos ao Anfiteatro Grego e à cidade, <u>onde nos levaram à pequena casa onde morou a Virgem</u>, encravada na rocha.

Nas visões proféticas do Apocalipse, destacam-se aquela em que Deus entrega o destino do mundo aos cordeiros; a do cordeiro rompendo os setes selos; e a "visão da mulher e do dragão".*

Nesta, destaca-se:

"Ao ver que fora expulso para a Terra, o dragão pôs-se a perseguir a mulher que dera à luz o filho varão. Ela, porém, recebeu as duas asas** da grande águia para voar ao deserto, para o lugar em que, longe da serpente, é alimentada por um tempo, tempos e metade de um tempo.***

Imagem comparável à Assunção da Virgem.

E o "Epílogo" do Poema Apocalíptico:

"Eu, Jesus, enviei meu anjo para vos atestar estas coisas a respeito das Igrejas. Eu sou o rebento da estirpe de Davi, a brilhante estrela da manhã."

"O espírito e a esposa dizem: Vem! Que aquele que ouve diga também: Vem! Que o sedento venha, e quem o deseja receba gratuitamente a água da vida."

---

* "As antigas religiões do Oriente Médio conhecem, sob uma forma ou outra, o mito do monstro... que o Deus organizador do mundo tem de combater para vencer as forças obscuras do Caos."
** Interpretação: talvez "os dois braços de Cristo na cruz".
*** Para não complicar: "...é o tempo presente, que começou na Páscoa".

O texto deste livro foi composto em Sabon,
desenho tipográfico de Jan Tschichold de 1964,
baseado nos estudos de Claude Garamond e
Jacques Sabon no século XVI, em corpo 12/16.
Para títulos e destaques,
foi utilizada a tipografia Frutiger, desenhada
por Adrian Frutiger, em 1975.

A impressão se deu sobre papel offwhite
$80g/m^2$ pelo Sistema Cameron da
Divisão Gráfica da Distribuidora Record.